Anonymous

Frankreich vor dem Richterstuhle Europas oder die Frage der

Grenzen

Anonymous

Frankreich vor dem Richterstuhle Europas oder die Frage der Grenzen

ISBN/EAN: 9783743689077

Hergestellt in Europa, USA, Kanada, Australien, Japan

Cover: Foto ©ninafisch / pixelio.de

Weitere Bücher finden Sie auf **www.hansebooks.com**

Frankreich

vor dem

Richterstuhle Europa's

oder

die Frage der Gränzen.

Trier.

Verlag der Fr. Lintz'schen Buchhandlung.

1860.

.

Fr. Lintz'sche Buchdruckerei in Trier.

Im Januar 1860 kündigte eine jener Pariser autographischen Correspondenzen, die sich das Aufjagen des Wildes zur Aufgabe gemacht haben, geheimnißvoll an, daß „die savoyische Frage wirklich e x i s t i r e und daß England, ohne die Sache grade gerne zu sehen, doch keinen sehr entschiedenen Widerstand entgegensetzen würde." „Uebrigens", fügte dieselbe Correspondenz hinzu, „werden a l l e Fragen, die sich auf die Wiederherstellung der n a t ü r l i c h e n G r ä n z e n Frankreichs beziehen, nothwendig zu geeigneter Stunde in Folge zwingender Umstände auftreten. So macht der Anschluß Mittelitaliens an Piemont, wenn derselbe wirklich vollbracht wird, den Anschluß von Savoyen und Nizza an Frankreich unvermeidlich: das begreift Jedermann."

Diese ziemlich durchsichtigen Anspielungen blieben nichts desto weniger eine strittige, folglich zweifelhafte Frage bis zum Monat März. In seiner letzten Thronrede erklärte Napoleon III., daß „die wichtige Gebietsveränderung, welche stattfinden wird" (in Mittelitalien), ihm „ein R e c h t auf eine von der N a t u r selbst angedeutete Bürgschaft verleiht." Diese vom Kaiser angesprochene Bürgschaft ist der Besitz der „französischen Alpenabhänge", eines „wenig ausgedehnten Gebiets", dessen „Zurückforderung" „nicht Europa im Mindesten beunruhigen darf."

Endlich, den 21. März, verkündet der Kaiser einer savoyischen Deputation, man weiß nicht aus wem zusammengesetzt,

1

und nach) Paris in Folge wer weiß welches Mandates gekom=
men, daß „der König von Savoyen dem Prinzip der Vereinigung
Savoyens und der Grafschaft Nizza mit Frankreich beigetreten
ist," und daß er, der Kaiser, „den Ausdruck ihrer Wünsche ent=
gegennimmt."

Unterdessen haben sich zwei Infanterieregimenter in Marsch
gesetzt, das eine nach Chambery, das andere nach Nizza, um
die Sanction des .... „Prinzips" auszuführen.

Solches ist der innere Zusammenhang zwischen den Fühl=
versuchen der offiziösen Presse in Frankreich und den offiziellen
Entscheidungen der Regierung.

Aber wer hatte doch die Frage der „Befreiung Italiens"
— „von den Alpen bis an's adriatische Meer" aufgeworfen?
Wer hatte denn zu Mailand in einer berühmt gewordenen
Proclamation die vollständigste „Uneigennützigkeit" Frankreichs
zur Schau gestellt, das, wie Jedermann weiß, „nur für eine
Idee streitet?"

Es ist kein Zweifel mehr, der Krieg gegen Oestreich hatte
einen geheimen, von dem zugestandnen verschiedenen Zweck; es
ist kein Zweifel, die Politik der „natürlichen Gränzen" ist feier=
lich eingeführt worden und die wechselvollen Ereignisse von
1792—1815 werden, soweit dies von Napoleon III. abhängt,
sich wiederholen.

Dieselbe autographische Correspondenz, die uns über die
Frage Savoyens so gut unterrichtet hatte, fährt folgendermaßen
weiter fort:

„Die Anschließungsbewegung, die sich in Deutschland zu
Gunsten Preußens vorbereitet, wird eines Tages ganz natürlich
die Nothwendigkeit eines andern Anschlusses erzeugen, welchen
das französische Interesse andeutet und fordert. Man kann
sagen, Jedermann ist in Europa in diesem Augenblick damit
beschäftigt, sich seinen Weg zu suchen und zu seinen natürlichen
Existenzbedingungen zurückzukehren."

Wir sind also gewarnt, Frankreich wird sich nicht mit den „französischen Alpenabhängen" begnügen, sein Naturalismus wird es gleichfalls nach dem Norden treiben. Wenn Belgien Ohren hat, so höre es. Das ganze Deutschland ist darüber in Aufregung gerathen, es hat gehört und verstanden. Die Schweiz protestirt und bereitet sich zum Handeln vor.

Savoyen findet sich durch das französische Kaiserreich verurtheilt, den Preis der Einigung Oberitaliens zu zahlen, diese Einigung also dem Princip nach zu vernichten. Mittelst Belgiens wird man eines Tages Deutschland in Schach halten wollen; zugleich wird man Belgien mit der Confiscation und Deutschland mit einem Racenkriege drohen.

Was sagt man dazu? Stellt sich so die Zukunft nicht düster genug dar? Und weil die autographische Correspondenz uns im Voraus so gut über die Politik der Thronrede von 1860 aufgeklärt hat, sollte es sich nicht der Mühe lohnen auf ein viel ausführlicheres und das Einzelne mehr hervorhebendes Programm zurückzugehen, das seit der Wiederherstellung des französischen Kaiserreichs Europa das Horoscop stellte? Dieses Programm war betitelt: „Die Gränzen Frankreichs von Al. Le Masson"; Herr Le Masson ist verschwunden, seitdem hat er sich einen Augenblick La Guéronnière genannt, um seine pseudonyme Existenz endlich in den dichtesten Schleier der Anonymität zu hüllen.

Frankreich, das sich nicht mehr selbst besitzt, ist auf einen falschen Weg gerathen, der es seinem Untergang entgegenführt und schließlich dahin, von Europa in die Acht erklärt zu werden.

Es stehen uns schreckliche Crisen bevor; nur ein Wunder könnte sie beschwören, nämlich die Rückkehr der französischen Nation zur Vernunft und ihr fest gefaßter Entschluß, sich nicht mehr wie eine Hammelheerde leiten zu lassen.

Wir glauben wenig an Wunder, wenn solche gleich alle großen Crisen der Menschheit bezeichnet haben. Mögen die

Geschicke sich erfüllen, doch für jeden Fall sagen wir unsere Meinung. Wir wollen um die elfte Stunde noch die Gränz= frage abhandeln. Unsre Schrift richtet sich nicht nur an Belgier, Schweizer, Deutsche, sondern auch an den gesunden Menschen= verstand der Franzosen. Wir bitten nur um die Erlaubniß, wahr und freimüthig sein zu dürfen.

Vom Materialismus in der Politik.

Was ist mit Europa seit 1848 geschehen, was ist aus allen Sittlichkeitsprincipien geworden, welcher Schwindel hat sich der Nationen bemächtigt? Unmittelbar nach dem großen Erwachen des öffentlichen Gewissens, das überall gegen Verderbniß, Willkür und Despotismus sich auflehnte, hat sich in alle Poren des socialen Körpers eine ganz andere Verderbniß eingesickert, hat sich von Weitem eine unerhörte Willkür angekündigt. Im Frühjahr 1848 war Alles Edelmuth, Aufgeben erlangter Vorrechte, brüderliche Liebe, Verschmelzung der Interessen und Classen der Gesellschaft: und im Jahr 1850 konnte Herr von Romieu ungestraft seinen Codex der Unmoralität, seine Ansprache an die niedrigste Gierigkeit, seine schmachvollen materialistischen Doktrinen öffentlich ausrufen. Ein bis ins Mark seiner Knochen verderbter Mensch predigte mit großem Erfolg das Aufgeben jedes Princips, jeder Idee, jeder menschlichen Würde. Und die Welt hörte ihm in Andacht zu und gruppirte sich um die Fahne der Verderbniß.

Die beiden Pamphlets des Herrn von Romieu, die im Jahr 1850 erschienen, trugen den Titel: „Das rothe Gespenst" und „die Aera der Cäsaren." Hat man sie vergessen? Hier sind einige der Aera der Cäsaren entlehnte und gleichsam auf's Gradewohl herausgegriffene Citate.

Constitutionelle Regierung und Preßfreiheit, diese zwei Heilsanker der neueren Gesellschaften, sind wahres Kinderspiel.

zeug, ein Gegenstand der Verachtung für den Propheten des byzantinischen Kaiserreichs.

„Es scheint mir, daß immer und ohne irgend eine Ausnahme dort, wo die öffentliche Autorität Discussion und Abstimmung zu Grundlagen hatte, ein Tag eintreten mußte, wo die Bewerber Armeen commandirten und die Wahlen auf einem Schlachtfeld stattfanden.“

Mit andern Worten, der Mensch ist eine wilde Bestie und die Vernunft eine Einbildung. Man muß sich gegenseitig verschlingen.

„Der Säbel hat sich gegen die Idee versucht und als den Stärkeren erfunden, wie es stets der Fall sein wird, wenn der Kampf ein klarer ist. Dieses Resultat ist kein barbarisches, weil die Gewalt selbst eine Idee ist, und zwar die höchste von allen.“

Der Kanzler de l'Hôpital, der auch Franzose war, sagt uns dagegen: „Das Messer vermag Nichts gegen den Geist,“ was Camille Desmoulins dahin übersetzte: „Verbrennen heißt nicht antworten.“

„Zu jenen Stunden kindischer Debatten, worin der menschliche Geist seine Lebensnahrung sucht, ist kein Platz für ein anderes Princip, als die Gewalt. Im Anfang Augustus, am Ende Muhamed II.“

Diese „kindischen Debatten“ sind der von der menschlichen Vernunft über die brutale Gewalt davongetragene Sieg; durch sie verkündigt sich der Mensch als Bezwinger seiner thierischen Instinkte. Es ist der größte aller Fortschritte und selbst wiederum das Werkzeug zu noch weiteren Fortschritten. Allein man erklärt uns:

„Der so verstandene Fortschritt ist eine namenlose Abgeschmacktheit, die nur der Rhetoren Narrheit hat aufbringen können, und die leider nicht sobald verschwinden wird.“

Hiermit ist Alles gesagt und es braucht offenbar wirksamer Mittel, um die „Narrheit der Rhetoren" zu unterdrücken, es braucht einer Gensdarmenregierung, ausdrücklich eingesetzt, um die Staaten gegen die „Abgeschmacktheit" zu wahren. Eine solche Regierung ist die der Cäsaren. Fürchtet Euch nicht, denn

„Das Principat ist nicht die Machtherrlichkeit eines einzelnen Mannes, sondern die alte und gemeinsame Macht=herrlichkeit des ganzen römischen Volkes."

So sehen wir das Frankreich des XIX. Jahrhunderts auf das Niveau des verkommenen und seiner Auflösung nahen Rom herabgedrückt! Was fehlt noch, die Identität vollständig zu machen? Die Prätorianer. Da kommen sie schon.

„Die Prätorianer Roms stammten nicht von einer besonderen Race ab; sie gehörten zur menschlichen Gattung (wie Herr von Romieu auch). Sie brachten in ihre Reihen nur jene ewigen und unvermeidlichen Neigungen mit, die dem Menschen von Natur inne wohnen. Gott hat uns so geschaffen, daß wir nach der Gewalt verlangen, sie in uns selbst und dann zu weiterer Hilfe in Anderen suchen. Ueberall, auch in unsern metaphysisch= sten Handlungen hat sie ihre Stelle. Auf sie kommt Alles hinaus, und je weniger man sie zeigt, desto mehr lügt man. Die constitutionelle Regierung selbst ist trotz ihres Pochens auf Freiheit doch nicht im Stande, ein Gesetz aufzustellen, ohne die schließliche Hinweisung auf die Gewalt. Kein Dekret wird veröffentlicht, das nicht seine Sanktion durch den Gensdarmen und den Polizeicommissär suche, und wenn diese nicht hinreichen, durch Linientruppen, um dem Gesetz Kraft zu verleihen. Schreien wir also nicht zu sehr gegen die Prätorianer, die unsre Professoren der Rhetorik uns verfluchen lehrten, und vergessen wir diese Verwünschung wie fast Alles, was sie uns gelehrt haben."

Und wozu dient die durch die Prätorianer dargestellte Ge= walt?

„Die Massen sind in organisirtem Aufstand."

„Eine kampfentschlossene Armee bemeistert immer einen Aufstand."

Halten wir einen Augenblick inne. Es ist nicht wahr, daß die ganze französische Armee aus Prätorianern besteht. Die Ehre und Unabhängigkeit des Charakters sind unter der Uniform keineswegs erstorben. Folgendes aber ist wahr.

Napoleon III. besitzt eine kaiserliche Garde von 40,421 Mann, die besser als das übrige Heer bezahlt sind. Es ist ein ganzes Armeecorps, das im Nothfall ganz allein einen Feldzug unternehmen und eine ganze aufrührerische Provinz im Gehorsam erhalten könnte. Die französische Gensdarmerie besteht aus 75 Legionen für den Dienst in den Departements, aus einer Legion für Algerien, aus 4 Colonialcompagnien, aus 3 außereuropäischen Abtheilungen, aus der Garde von Paris und aus einer Compagnie Veteranen, im Ganzen aus 23,293 Mann, deren Hälfte beritten ist. Die Gensdarmerie erfreut sich gleichfalls der ganz besondern Gunst des Kaisers. Mit der Garde haben wir nun schon eine Zahl von 64,000 Prätorianern.

Drittens, die Regierung des Kaisers hat sich der militärischen Stellvertretung bemächtigt; sie hat eine Dotationscasse der Armee geschaffen, welche durch die Prämien der freiwillig Dienstnehmenden gefüllt wird, denen sie nur die Interessen ihres Capitals zahlt. Außerdem hält die Regierung besonders darauf, zur Stellvertretung nur Militairs zuzulassen, die bereits ihre Zeit ausgedient haben. Die Ersatzmänner der Regierung belaufen sich schon auf 50,000, und das ganze Vermögen dieser 50,000 Mann bildet einen Theil der „schwebenden Schuld" das heißt, seine Hypothek beruht auf dem Credit der Regierung. So haben wir die Zahl von 114,000 Mann.

Hierzu rechne man 3 Regimenter Zuaven, 9,030 Mann; 2 Fremdenlegionen, 4,002 Mann; 4 Regimenter eingeborner Tirailleurs, gemeiniglich Turcos genannt, 15,739 Mann; ebenso

3 Bataillone Afrikanische leichte Infanterie, 2,916 Mann. Auf diese Weise wird man eine Armee Prätorianer, gehörig gezählt, von 145,401 Mann zusammenbringen.

Wer sollte den Einfluß leugnen, den das Beispiel dieser Prätorianer dem übrigen Heere gibt und die schwierige Stellung, in welche durch diese bevorzugten Söldlinge Nationalitätsgefühl und französische Kriegerehre gerathen?

Doch kehren wir zurück. Nach der Vertheidigung der Prätorianer, fährt Herr von Romieu folgender Maßen fort:

„Es komme ein großer Kampf; Jeder weiß, daß die Gewalt der Endzweck der Sieger, der letzte Paragraph des Programms sein muß, in dem man stets eine leere Stelle für ihn läßt; und Jeder, sage ich, wird die rasche Lösung vorziehen und dem Glücklichen huldigen, der sie auf sich nimmt."

Der Name des „Glücklichen," der sie auf sich genommen hat, wurde über alle Dächer weg geschrieen von der „Gesellschaft des 10. December", jenen „10,000 Schurken", wie Herr Jules de Lasteyrie sie pittoresk nannte. Der Verfasser der „Aera der Cäsaren" bezeichnet sie aber seinerseits auch:

„Das Kaiserreich, nach seinem blendenden Vorübergang, ist wie ein Gedicht Ossians geblieben; es ist mehr als eine politische Institution. Es war in meinen Augen der Anfang jener Aera der Cäsaren, in die das liberale Princip uns einführen mußte, nachdem es die Aera der Monarchien geschlossen hatte."

Dies wurde geschrieben und gedruckt im Jahre 1850; ein Jahr darauf verwirklichte sich beinahe buchstäblich diese Prophezeihung, zum großen Erstaunen der Leser des Herrn von Romieu. Die Ereignisse waren in der Luft gewesen, alle Welt hatte davon bis zur Uebersättigung geschwatzt, und als die Thatsache eintrat, war man darob versteinert. Man bekreuzigte sich ohne recht zu wissen, vor welchem Heiligen. Welch' allgemeine Verdummung! Welch' eine Schande für unsere Zeit!

Die Aera der Cäsaren war angebrochen. — O das geht die Franzosen an, sagte man in Europa. Sie sind mit Recht bestraft für ihre ewige Unruhe, für ihre „demokratischen und socialen Barrikaden." Sie brauchten einen Herrn, sie haben ihn, sie mögen es mit ihm abmachen! Das geht uns Nichts an, gehen wir auf die Börse, lassen wir die Aktien und Obligationen steigen, es lebe die Prime!

Ha, das geht die Franzosen an, sagte boshaft der pseudonyme Al. Le Masson, angeblicher Angestellter im Kriegsministerium, und er schrieb die „natürlichen Gränzen." Gab es in der Welt etwas Natürlicheres, eine logischere Folge? Nachdem einmal die Aera der Cäsaren angenommen, die Armee der Prätorianer zugelassen war, brauchte es ein Austreten über die Gränzen, Cäsar und die Prätorianer können nicht ewig zu Hause bleiben. Man bedarf Schlachtfelder, um das Heer zu beschäftigen und zu amusiren; man muß der Ungeduld der unter das Joch gebeugten Nation und Allem, was noch von ehemaligem freien Geiste übrig ist, ein Fontanell auflegen.

Cäsar wird der Alpen nöthig haben, Belgiens, des Rheins, Afrikas, Asiens, um den Handel und die „Civilisation" zu regeln, um die internationalen Fragen nach seiner Weise zu schlichten, um auch da der Discussion und der Abstimmung, diesen namenlosen „Abgeschmacktheiten", dieser „Narrheit der Rhetoren" ein Ende zu machen.

Herr von Romieu war Minister des Innern der neuen Aera gewesen, Herr Le Masson wurde ihr Minister der auswärtigen Angelegenheiten. —

Herr Le Masson und die natürlichen Gränzen.

Die Veröffentlichung des Pamphlets des Herrn Le Masson traf mit der Wiederherstellung des Kaiserreichs zusammen. Das Werk erschien stempelfrei. Europa kam in Bewegung. Am 3. Januar 1853 erklärte der „Moniteur des französischen Kaiserreichs":

„Es sind in diesen letzten Zeiten mehrere Werke erschienen, darunter eins, betitelt „Die Gränzen Frankreichs", die den Zweck zu haben scheinen, gewissen Bestrebungen zu schmeicheln, welche man für die der Regierung hält. Die Regierung weist jede Gemeinschaft mit den Verfassern dieser Werke von sich, deren Geist von den Gesinnungen des Kaisers ebenso weit entfernt ist, als von seiner laut erklärten Politik."

Vor den Wahlen zur belgischen Kammer vom 8. Juni 1852 hatte der „Constitutionel" durch den Mund des erlauchten Granier de Cassagnac Belgien mit einem Tarifkrieg gedroht, wenn es sich erlaubte, für das Ministerium Frère-Rogier zu stimmen. Die belgische Presse gerieth darüber in Aufregung und der „französische Moniteur" erklärte mit seiner gewöhnlichen Vornehmheit:

„Wenn die Regierung ihren wahren Gedanken zu erkennen geben will, so vertraut sie ihn dem „Moniteur" an, ihrem einzigen Organ. Jede Veröffentlichung in einem andern Blatte verpflichtet sie zu keiner Verantwortlichkeit. Der Artikel im heutigen „Constitutionel" nöthigt uns diese Erklärung ab."

(Moniteur vom 6. Juni 1852).

Den 6. Juni also hatte die französische Regierung den Tarifkrieg in Abrede gestellt, und am 14. September desselben Jahres erschien das Dekret, welches den Einfuhrzoll auf belgische Steinkohlen und Gußeisen erhöhte. Das liberale Ministerium stürzte. Was sind also die offiziellen Erklärungen der französischen Regierung werth? Drei Monate Aufschub . . .

Europa fing an zu begreifen. Als später einige franzö=
fische Präfekten die Kriegstrompete ansetzten, als Herr Fleury
sein Schlachtroß an die Ufer der Weichsel führte, als der
„Moniteur" und die „Patrie" um die Wette diese Unverschämt=
heiten in Abrede stellten, — da sagte sich Europa: in drei
Monaten!.

Als der Kaiser am Anfang des Jahres 1859 „sich es
angelegen sein ließ, die Geister vor den übertriebenen Befürch=
tungen eines wahrscheinlichen Krieges sicher zu stellen" — fand
sich Europa hinein und wiederholte: in drei Monaten!.

Im englischen Blaubuch über die savoyische Frage lesen
wir eine Depesche Lord Cowley's an Lord John Russell, datirt
vom 27. Januar 1860, in welcher der englische Gesandte aus=
einandersetzt, waßmaßen ihm Herr Thouvenel eben versichert
habe, daß „bis dahin der Kaiser in Betreff Savoyens noch
keine Sylbe habe laut werden lassen": Lord John Russell und
alle die, welche von dieser Depesche Kenntniß nehmen konnten,
haben sich sicherlich gesagt: in drei Monaten!...

Wenn eines Tages, und dieser Tag scheint nicht fern, das
offizielle Frankreich den vier Mitunterzeichnern der londoner
Protokolle bei allen Göttern schwören wird, daß es für die
Unabhängigkeit und Integrität Belgiens die platonischste Liebe
fühlt, so — laßt uns getrost sagen: in drei Monaten!..

Wir sind der Meinung, es ist noch besser, sofort daran
zu denken.

—————

Herr von Romieu hatte mit vornehmer Leichtfertigkeit
den Materialismus gepredigt, man weiß mit welchem Erfolg.
Herr Le Maßon ist nicht weniger oberflächlich; wird er darum
auch so glücklich sein? Herr von Romieu hatte die Politik,
die Wissenschaft der Gesellschaft materialisirt, indem er die

Gleichheit in der Erniedrigung und die gemeinsame Knecht=
schaft unter dem cäsarischen Principat zum Maßstabe für Alles
machte. Herr Le Masson erreichte es, selbst die Geographie
zu materialisiren, was vielleicht schwerer war. Wie die Pam=
phlets des ehemaligen Präfekten Ludwig Philipps den Staat
auf die einfache Gewalt basirt hatten, ohne sich um Geschichte,
Verträge und die dem modernen Menschen eingebornen Bedürf=
nisse zu bekümmern: so gründet Herr Le Masson das Völker=
recht auf die Tabula rasa der mathematischen Geographie, auf
den Begriff der Ausdehnung. Wenn nach Herrn von Romieu
die Regierung der Landsknecht oder Condottiere ist, dem Alles
gehört was er niederschlägt oder bezwingt: nach Hrn. Le Masson
ist jeder Geometer ein Puffendorf oder Grotius, das Kadaster=
büreau entscheidet in letzter Instanz über die Organisation
eines Erdtheils, und alle Verträge, von dem zu Münster und
Osnabrück geschlossenen an bis zum zweiten Pariser Frieden,
werden von der Meßkette umgestoßen. Offenbar hatte Herr
Le Masson den biblischen Spruch vergessen: „Mit welcherlei
Maß Ihr messet, damit wird Euch wieder gemessen
werden.“

„Man kann sagen, ohne den Einfluß der politischen Institutionen zu
leugnen, daß man bei der Geographie um das Geheimniß der Urbestim=
mung der großen menschlichen Familien anfragen muß. Die Berge, Hoch=
ebenen und Tiefen, welche die Gesammtheit eines Landes bilden, die Meere,
welche es bespülen, die Flüsse und Thäler, welche es durchschneiden, die Mine=
ralien, welche es enthält, alle physischen Umstände seines Unterbaues und seiner
Lage, welche Menschenkraft nicht ändern und überwinden kann: das macht
die Verschiedenheit der Racen und Nationen, und bestimmt ihren allgemeinen
Zustand. — Das Land, welches in der Mitte des Westsaumes von Europa,
am Fuße der Pyrenäen und Alpen, zwischen dem Mittelmeer, dem Ocean
und dem Rheine liegt, ist eines von denen, worauf sich diese Wahrnehmungs=
grundsätze am Besten anwenden lassen. Im Alterthum unter dem allgemeinen
Namen Gallien bekannt, hat es in neuerer Zeit keinen besonderen Namen
mehr; wir nennen es hier Frankreich, weil Frankreich fünf Sechstel davon
inne hat, und es ganz zu umfassen bestrebt ist, vermöge jener gerechten For=
derung der Nationalitäten, sich bis zu den natürlichen Gränzen
ihres Gebiets auszudehnen!“

Jedermann weiß, daß Frankreich und Spanien durch die
Mauer der Pyrenäen geschieden sind. Eines Tages ließ sich
Ludwig XIV. einfallen, in fast einfältigem Stolze zu sagen:
„Es gibt keine Pyrenäen mehr!" Darob erfolgte der spanische
Erbfolgekrieg und fielen die großen Schläge des Prinzen Eugen
und des Herzogs von Marlborough. Selbst daraus lernte der
erste Napoleon nichts. Der große Mann wiederholte nach dem
Bourbonen: „Es wird keine Pyrenäen mehr geben!" Der
spanische Patriotismus, mächtig unterstützt vom Herzog von
Wellington, der Guerillaskrieg und die großen Schlachten von
1808—1814, züchtigten zum andern Male die französische Anmaßung. Was Napoleon I. noch nicht glauben wollte, Herr
Le Masson ist davon überzeugt.

„Die so ungleiche Gegend zwischen den Zacken der Alpen, dem Jura
und dem Rheine, welche heute die Schweiz bildet, machte einen Theil des
alten Galliens aus. Aber es ist natürlicher, daß nach dieser Seite der
Jura die Gränze bilde, als eine den Pyrenäen analoge Schranke."

Wir begreifen durchaus nicht, was dabei natürlich ist;
denn wenn Frankreich das „alte Gallien" ist, wie man uns
so eben sagte, und die Schweiz das alte „Helvetien", welches
Helvetien ehedem zu Gallien gehörte, so ist es sehr wenig
„natürlich", nicht auch die Schweiz „zurückzufordern." Der
Feldmesser fällt aus der Rolle. Vielleicht repetirt er sie seit
dem Protest der Schweiz wider die Einverleibung Savoyens.
Am Genfersee stehen wir schon.

„Zwischen dem Jura und dem Meere nimmt man die Rheinlinie als
Gränze Frankreichs an; aber das ist keine geographische Linie, wenigstens
zum Theil nicht. Die schöne Ebene zwischen Basel und Mainz, zwischen dem
Wasgau und dem Schwarzwalde, die der Rhein in ihrer ganzen Länge durch=
läuft, ist ein natürlicher Landstrich, dessen Pulsader der Strom bildet,
und an dessen Gestaden er die Bevölkerung mehr vereinigt als trennt. Auf
diesem Punkte hatte die Natur den Wasgau oder den Schwarzwald zur
Gränze Frankreichs bestimmt."

Immer besser. Das „alte Gallien" erstreckte sich vom
Ocean an den Rhein; aber so eben erfahren wir, daß der Rhein

zwischen Basel und Mainz seiner Bestimmung untreu wird. „Die Vogesen oder der Schwarzwald!" Wie naiv! Die streng nationale Partei in Deutschland stimmt für die Vogesen. Will Herr Le Masson ihr Straßburg, Schlettstadt, Neubreisach und Colmar abtreten? — Ja, sagt er, der Rhein durchläuft dort eine „natürliche Gegend." Nun, so nehmt das Badische Land und pflanzt Eure Gränzsteine auf die Höhe des Schwarz= waldes! — Aber Herr Le Masson nimmt Anstand, sich für diese „natürliche Gegend" auszusprechen, und daran thut er sehr wohl; denn wenn Frankreich alle „natürlichen Gegenden" nähme, so bliebe den andern Völkern absolut nichts übrig.

„Aber ungefähr von Mainz an gibt es keine bestimmten Gränzen mehr; der Rhein durchschneidet immerfort die natürlichen Landstriche; alle anderen Linien, die man wählen könnte, sind in demselben Falle, und würden keine gute Schranke bilden; es muß also dieser Fluß bis zu seiner Mündung als Gränze dienen, wenn man ihn nicht unterhalb Düssel= dorf überschreiten und bis an die Ems greifen will, um Hol= land, dieses Hohlland, das kaum etwas Anderes als eine An= schwemmung des Rheines und seiner Nachbarflüsse ist, ins französische Gebiet einzuzirkeln."

Im Punkte der Gränzen sehen wir in diesem Kauder= wälsch nichts als die Gränzen des Unsinns. Wenn sich der Geist des Verfassers zwischen Vogesen und Schwarzwald schon ziemlich umdüsterte, so redet er von jetzt an völlig irre. Un= terhalb Mainz gibt es zwar auch noch „natürliche Gegenden" — die Natur ist auch dort noch vorhanden — aber der Rhein thut nichts mehr als die Natur zersetzen, das Ungeheuer! Herr Le Masson kann weder vorwärts noch zurück; er sieht weder den Hundsrück und die Eifel diesseits, noch den Taunus jenseits des Rheins; er sieht nicht den Westerwald noch die Westphälischen Höhenzüge, nicht einmal den berühmten Harz, der ihn so bequem zur Wesermündung hinabführen könnte. Er sieht nur noch den unnatürlichen Rhein, der „natürliche Ge= genden" zerschneidet, und auf diesem fatalen Rasirmesser rutscht er bis Düsseldorf; da, vom Schmerz überwältigt, gleitet er rechts von seiner Schneide herab, wirft noch einen verachtungs= vollen Blick auf **H o h l l a n d**, und steckt endlich seinen Meßstock — Niemand erräth weßhalb — an der Mündung der **E m s** auf!

Erschöpft von dieser Excursion stattet er jetzt folgenden Bericht ab:

„Die von diesem Umkreis eingeschlossene Oberfläche: Ocean, Pyrenäen, Mittelmeer, Alpen, Jura, Rhein — hat ungefähr 62 Millionen Hectaren. Das ist ein wenig mehr als die Pyrenäische Halbinsel, welche 58 Millionen zählt, ungefähr der Umfang Großbritanniens und Italiens zusammen, von denen jedes 30—31 Millionen hat, und kaum der neunte Theil des europäi= schen Rußlands, das wenigstens 530 Millionen Hectaren umfaßt."

Herr Le Masson verheimlicht uns das Verhältniß zwischen der Oberfläche seines Gebietes und der von Tibet, China und Australien. Schade drum!

„Im Osten hat Frankreich ungefähr seine natürliche Gränze mit guten Vertheidigungslinien, und wird zudem von der Schweiz gedeckt. Im Süd= osten, zwischen dem Genfer See und dem Mittelmeere, braucht es sich wenig um die natürlichen Gränzen zu bekümmern, was die Vertheidigung betrifft. Ein Einfall von dieser Seite, wie von den Pyrenäen her, kann nur eine Di= version sein, und wird das Land nie wirklich in Gefahr bringen. Nur als Ergänzung seines Gebietes, vorzüglich seines Seeufers, und um mehr Einfluß auf Italien auszuüben, muß Frankreich den Be= sitz Nizzas und Savoyens wünschen."

Also im Osten will Frankreich gütigst seine „natürlichen Gränzen" nicht so streng nehmen, und deßhalb konnte sich der Verfasser jenem Unverstand ergeben, den wir nachgewiesen haben. Der Besitz von Savoyen und Nizza ist noch keine wichtige Sache, er wird bloß zur „Ergänzung des französischen Ge= bietes" und dazu dienen, Frankreich „mehr Einfluß auf Ita= lien" zu sichern. Aber im Norden, da ist es etwas Anderes. Paßt auf!

„Von den drei Gebietstheilen, die ihm fehlen, Belgien, Rheinpro= vinzen, Alpenabdachung, muß Frankreich besonders Belgien wün= schen, und es kann die Fehler und Unglücksfälle nicht genug beklagen, welche, wie die italienischen Kriege und die Religionskriege des 16. Jahrhunderts, die

Fronde, der spanische Erbfolgekrieg, die Schwäche Ludwigs XV., die Unfälle des Kaiserreichs, die Zaghaftigkeit Ludwigs Philipps, es daran gehindert haben, Belgien zu erwerben oder zu behaupten. Eine Art von Fatalität hat nach dieser Seite auf ihm gelastet. Während es sich im Süden rasch bis an seine natürlichen Gränzen ausdehnen konnte, sah es sich im Norden immer an den Thoren von Paris aufgehalten, da wo es das größte Interesse hat, sich aus= zudehnen, und wo ihm geographisch keine Schranke entgegen= steht. Unterhalb Wesel, wo sich der Rhein in mehrere Arme theilt, ist er weniger als irgend wo eine gute Demarcationslinie; als Napoleon Hol= land und sogar die Elbmündung mit Frankreich vereinigte, verließ er kaum die geographische Wahrheit, und diese Einver= leibungen waren weit natürlicher als die Piemonts. Die Trennung Belgiens von Holland und dessen angebliche Neutralität haben den Stand der Dinge auf diesem Punkte der Gränze nicht verbessert. Auf der einen Seite wünscht Belgien nicht mehr wie vor 1830 seine Vereinigung mit Frankreich, und auf der andern ist seine Neutralität unmöglich. Es ist nicht im Stande, sie durch große Armeen respectiren zu lassen, welche zwischen Maas und Rhein manövriren, und die, ohne das Land und dessen feste Plätze zu besetzen, in jedem Augenblick ihre Operationen gefährdet sehen würden.“

Herr Le Masson scheint eine drollige Idee von der Neu= tralität Belgiens zu haben; er redet grade, als wenn Frank= reich dieses Land militärisch besetzen dürfte, ohne daß die Preußen, von Jülich bis Prüm gelagert, das Land zu betreten wagten, da es ja „neutral“ ist!

Aber wo sind wir überhaupt hingerathen! Die ganze Frage war ja erledigt, wir hatten unsern Triumphzug von Paris bis Hamburg oder wenigstens bis Emden gehalten, und jetzt bleiben wir auf einmal in Belgien hangen. Dieses Länd= chen muß wohl ein Kiesel sein, und zwar einer von der un= verdaulichsten Art. Plötzlich wirft Herr Le Masson seine Stöcke und Ketten weg, um sich der Statistik zu ergeben. Adieu Geographie, vertiefen wir uns in die Zahlenwelt!

„Leider vermehrt jeder Tag die relative Schwäche Frankreichs, vermöge des unaufhörlichen Einflusses, den der Lauf der Zeiten und Dinge ansübt. Bei gleicher Bevölkerung war Frankreich ehemals und ist vielleicht noch mäch= tiger als jedes andere Land. Aber die Civilisation, die Industrie, alle mo= dernen Fortschritte nivelliren die Racen und Nationen. Die Armeen der

2

Hauptmächte werden bald einander gleichstehen, wenn sie es nicht schon sind. Die Masse wird immer wichtiger, das reellste Element und das Maß der Stärke. Die Communicationsmittel, besonders die Eisenbahnen, sind ein mächtiger Factor der Einwirkung auf die großen Länder, welche sie verbinden, und deren bis dahin schlecht verbundene Theile sie zu furchtbaren Massen zusammenführen. Mit Allem was die Industrie thut, verhält es sich so. Die bevölkertsten Staaten gewinnen am Meisten bei materiellen Fortschritten, den einzigen, um welche sich unsere Zeit bekümmert. Die Gewalt wird also künftig in der Masse stecken, und die Bevölkerung wird die Hauptgrundlage der politischen Macht und des politischen Werthes. Man wird keine kleinen Nationen, wie Venedig, die Schweiz, Holland, mehr eine große Rolle spielen sehen.

„Die materiellen Fortschritte und Alles was in die Bevölkerung den Maßstab der Macht legt, streben auch zum richtigen Verhältniß mit der Oberfläche des Bodens hin; und sicher geht die Macht zu den größten Staaten, wenn sie nicht etwa, wie Schweden, Norwegen oder die Türkei, in physischen oder moralischen Ausnahmslagen sich befinden. Die Oberfläche der großen europäischen Staaten, ihre Bevölkerung und deren Wachsthum, müssen folglich mehr als je die Aufmerksamkeit der Politik erregen."

„Vor den Revolutionskriegen begriffen die vorzüglichsten Staaten an Oberfläche und Bevölkerung:

	Hectaren. Mill.	Einwohner. Mill.
Europäisches Rußland	480	33
Oesterreich	65	29
Frankreich	53	30
Spanien	48	12
Großbritannien	31	15
Deutschland	fehlt	9(!)
Preußen	20	7

„Nach den Tractaten von 1815 betrugen Oberfläche und Bevölkerung in:

	Hectaren. Mill.	Einwohner. Mill.
Rußland (europ.)	530	46
Oesterreich	68	30
Frankreich	53	30
Spanien	48	12
Großbritannien	31	19
Preußen	28	10
Deutscher Bund	24	11(!)

„Seit 1816 sind die Oberflächen dieselben geblieben, aber die Bevölkerungen sind geworden:

		Einwohner.
Europ. Rußland	66 Mill.	
Oesterreich	39	"
Frankreich	36	"
Großbritannien	29	"
Spanien	15	"
Deutscher Bund	18	" (!)
Preußen	17	"

„Seit den Verträgen von 1815 ist Frankreich der Oberfläche nach nur das Zehntel von Rußland, drei Viertel von Oesterreich; steht gleich mit Preußen und Deutschland zusammen (diese schöne Geographie, ein Preußen und daneben ein Deutschland, und daneben ein Oesterreich!). Seine Bevölkerung, im Jahre 1790 wenig geringer als die Rußlands, und allen andern überlegen, hat während der Kriege der Revolution und des Kaiserreichs nicht wachsen können (warum nicht?), und ist 1816 noch dieselbe; seit dieser Epoche nimmt sie zu; aber die neuen politischen und socialen Bedingungen des Landes (man lese die Centralisation, Bureaucratie und der vorsündflutliche Schlendrian) machen dieses Wachsthum weniger rasch als bei den Völkern des Nordens und Ostens. Nach den Ergebnissen der 20 letzten Jahre muß die Bevölkerung Preußens und des deutschen Bundes (sie laufen wie Castor und Pollur nebeneinander her) wenigstens alle 30 Jahre sich verdoppeln; in England alle 42 Jahre; in Rußland alle 66; in Oesterreich alle 70; in Frankreich alle 133 Jahre. In 25 bis 30 Jahren können Preußen und der deutsche Bund 60 Millionen Einwohner haben, Oesterreich wenigstens 45, Rußland 80, Frankreich höchstens 40. Die Bevölkerung Frankreichs, die vor der Revolution das Drittel von der Rußlands, Preußens, Deutschlands und Großbritanniens zusammen ausmachte, belief sich 1816 nur auf das Viertel; heute ist sie nur noch das Fünftel, und in 30 Jahren wird sie kaum das Sechstel betragen. Diese Zahlen sagen nur zu sehr, wie seit 50 Jahren Alles im Innern wie im Aeußern zum Schaden Frankreichs sich geändert hat."

Dieses Geschwätz sagt nur allzusehr, wohin es mit der Logik der Bonapartisten gekommen ist. Weil die romanische Race in Europa verfällt, wie sie seit Langem in Amerika verfallen ist, — so hat das Schicksal Frankreich mißhandelt, und es gilt dieses Vergehen zu sühnen. Wenn eine Nation keine Lebenskraft mehr hat, so muß sie den andern die Ader aufschneiden.

Weiter.

„In solchen Verhältnissen ist jeder Tag mehr für uns ein neuer Schritt zum Verfall. Eine Nation sinkt nicht nur, weil sie ausartet oder stehen bleibt,

2*

während ihre Nebenbuhlerinnen fortschreiten, sondern auch, weil sie weniger rasch fortschreitet als jene. Das war das Schicksal Venedigs, Hollands, Spaniens, der Türkei; das bedroht heute Frankreich, weil seine relative Stärke immer abnimmt. Das einzig mögliche Mittel, dies zu vermeiden, ist, das **französische Gebiet wenigstens bis zu seinen natürlichen Gränzen zu erweitern.** Es wird ein Zuwachs von etwa 10 Millionen Hectaren sein, bevölkert von etwa 9—10 Millionen Bewohnern; und das wird, verbunden mit einer größern Solidität der Gränzen, Frankreich in einer achtungswerthen Lage erhalten, in **Erwartung größerer Veränderungen im Zustande Europas.** Es ist eine Lebensfrage, nicht ein eitler Ehrgeiz, wenn man verlangt, daß es nicht zu lange säume, sich bis an die Alpen, und auf der andern Seite **wenigstens bis an den Rhein** auszudehnen."

Immer weiter.

„Die Einwürfe, Sophismen, Utopien, die Beweise jeder Art, mit denen man heutzutage die Wahrheit so vortrefflich zu bekämpfen weiß, fallen von selbst vor den aufgestellten Betrachtungen. Man hört oft genug sagen, die Besetzung Algiers entbinde Frankreich von jeder Vergrößerung in Europa, und man huldigt allzuleicht diesem Irrthum. **Algerien kann niemals die Stelle Belgiens und der Rheinprovinzen vertreten.** Die übrigens sehr großen Vortheile dieser Eroberung sind von ganz anderer Art als die des Besitzes der Rheinlinie. Algier, wenn es je eine Macht werden wird, ist noch lange nur eine Ursache der Abschwächung, weil sogar in gewöhnlichen Zeiten seine Besetzung und Colonisation eine Armee von über 60,000 Mann erfordern, und eine jährliche Ausgabe von über 50 Millionen Franken mit sich bringen. Weit entfernt also, Belgien und die Rheinlande aufzuwägen, **macht es ihren Besitz nur nothwendiger.** Frankreich darf nicht vergessen, daß seine Schwäche und Verlegenheiten auf dem Continent ihm den Verlust Ostindiens, Amerikas und seiner wichtigsten Colonien zugezogen haben. **Um nicht auch Algerien zu verlieren, muß es sich in Europa stark machen.**"

Ganz außerordentlich klar. Wir machen schlechte Geschäfte, unsere Bilanz schließt mit einem Defizit ab; machen wir eine Zwangsanleihe beim — Nachbarn!

„Die Länder, welche Frankreich nothwendig seinem Gebiete einzuverleiben hat, müssen diese Einverleibung selbst wünschen (!) Zu der großen Region gehörig, von der Paris das Herz, die Alpen, die Pyrenäen und die beiden Meere die Gränzen bilden; französisch dem Ursprung, der Sprache, den Sitten und den Interessen nach, haben sie nur dabei zu gewinnen, es auch politisch zu werden. Savoyen und die Rheinprovinzen werden eine fremde (!) Herrschaft nicht zu beklagen haben; Belgien wird eine

künstliche Nationalität nicht vermissen, die neuerdings ihr
Dasein nur der Eifersucht Europas gegen Frankreich ver-
dankt; etliche neuere Ereignisse und vorübergehende Interessen können die Natur der Dinge nicht ändern und dürfen die
wahren und dauernden Interessen nicht aus den Augen entfernen. Wenn
Frankreich diese Länder besitzen können und wollen wird, so wird es sie
bereit finden.

„Aber wie zu diesem Besitz gelangen? wie diese Eroberung unternehmen,
ohne die schreckliche Gefahr zu laufen, welcher Frankreich seit 1815 ausgesetzt
ist? Das ist das Geheimniß der Staatsmänner, gewiß die
schwierigste ihrer Angelegenheiten, aber auch die größte,
und der wichtigste Dienst, den sie ihrem Vaterlande leisten
können" . . .

Der Verfasser will sagen: Darin besteht der Staatsstreich
nach Außen. Die Gegner verhetzen, einen nach dem andern
isoliren, so daß Ein Schlag denjenigen zu Boden wirft, der zu
widerstehen wagt, — und wir werden die Zwangsanleihe um
so stärker machen, je beträchtlicher unser Defizit ist.

Wie aber den Handel einfädeln? O, es regnet Gelegen-
heiten. Hör', hört, ob Herr Le Masson nicht schon Ende 1851
das Stichwort kannte!

„In solchen Dingen darf Niemand die Anmaßung haben, Rath zu
ertheilen, im Voraus die Pläne zu machen und vorzuschlagen, welche die
Umstände allein zeitigen und ausführbar machen können Man muß sich
darauf beschränken, die Lehren der Vergangenheit ins Gedächtniß zu rufen,
indem man nachweist, daß Frankreich oft die Gelegenheit verfehlt hat, jene
schönen und mächtigen Gegenden zu erwerben, die Fortsetzung seines Gebietes,
den steten Gegenstand seiner Wünsche und Bedürfnisse, daß
diese Gelegenheit sich seit 1815 schon dargeboten hat, und bald wieder-
kommen kann".

„Das erste Kaiserreich war so sehr das Kaiserreich des Kriegs, daß
das heutige viel Mühe haben wird, das Kaiserreich des Friedens zu sein.
Der Ursprung einer Regierung setzt sie in eine Lage, welche sie oft grade in
die Bahn wirft, die sie am Sehnlichsten vermeiden möchte. Wenn man nie
aus Vergnügen den Krieg beginnt, so beginnt man ihn eben so wenig jemals
aus bloßer Nothwendigkeit; er ist nur zu oft eine Sache der hin-
reißenden Umstände. Die Regierung Ludwig Napoleons wird ganz
sicher nicht die Verträge von 1815 über Nacht zerreißen, Belgien überfallen,
in England landen, und Europa wird Frankreich nicht angreifen. Ohne
Zweifel hat sich Alles sehr geändert seit 1815, Menschen, Dinge und Um-

ſtände; der Haß und die aufreizenden Erinnerungen ſind verblaßt, der in=
duſtrielle Geiſt überwiegt den kriegeriſchen, und kein Staat ſcheint in dieſem
Augenblick an Eroberungen zu denken. Und doch fühlt man, daß es nur
einer Kleinigkeit bedarf, um Europa in den Krieg zu ſtürzen, und man arg=
wöhnt, das neue Kaiſerthum werde mehr als einmal gewaltig verſucht ſein,
das Unglück des alten wieder gut zu machen, und der Heiland für 1814 und
1815 zu werden. Dies muß ſogar eine der Urſachen jener in der Geſchichte
Frankreichs beiſpielloſen Bewegung, jenes unwiderſtehlichen Zuges zu Ludwig
Napoleon ſein. Für das Volk und die Soldaten hat der Kaiſer=
titel eine ganz kriegeriſche Bedeutung. Wenn ſeit 1815 die Armee
niemals Einfluß auf die Regierung gehabt hat in Fragen des Friedens oder
des Krieges, kann man heute ſagen, daß es immer ſo ſein wird?
Unter Ludwig Philipp hat man die öffentliche Meinung mehrmals zum Kriege
neigen, und es der Regierung nachtragen ſehen, daß ſie ihn vermieden hatte.
Heute würde unter ähnlichen Umſtänden der Friede nicht aufrecht erhalten
werden. Mit Einem Wort, die Lage iſt eine andere; eine neue Urſache euro=
päiſchen Kampfes kommt zu allen denen hinzu, welche ſich ſeit langer Zeit
aufhäufen: Handels= und Seefragen, Unabhängigkeit Italiens, reli=
giöſe Angelegenheiten, Intervention, Eiferſucht der Racen, Theilung
der Türkei. Denn ſeit 1830 iſt der Frieden Europas nur
eine Narrung und eine Lüge; alle Mächte unterhalten einen bewaff=
neten Effectivſtand, der außer allem Verhältniß zu ihren Finanzen ſteht; man
hat weder zum Frieden noch zum Kriege Muth, und man läßt alle Schwierig=
keiten in der Schwebe; aber der Krieg kommt, weil er allein ſie
zu löſen vermag".

Was die Zukunft betrifft, ſo handelt es ſich um Folgendes:

„Die natürlichen Gränzen, und beſonders die Rheinlinie,
das iſt die Lebensfrage für Frankreich. Es mag immerhin die großen
noch brach liegenden Strecken ſeines Gebietes in Anbau nehmen, ſich Algerien
aſſimiliren, Guyana coloniſiren, ſich mit Eiſenbahnen bedecken; alle dieſe
großen Unternehmungen, die es übrigens wenig fähig iſt auszu=
führen, werden ſeine Kräfte erſt auf die Länge der Zeit erhöhen, und ihm
niemals geben, was der Beſitz des linken Rheinufers ihm allein
zu geben vermag, die Sicherheit für ſeine Hauptſtadt, und das Mittel,
einem Angriff Europas zu widerſtehen. Glaube es nicht an die Utopie des
Friedens, womit gewiſſe Leute die Welt einwiegen wollen, die aus der Politik
eine Sache des Gefühls und nicht des Intereſſes machen. Der Krieg iſt ein
Uebel der menſchlichen Geſellſchaften, das zu ihrer Größe beiträgt, und das
nie verſchwinden wird. Wenn Frankreich jedem Gedanken an Eroberung und
Vergrößerung entſagt, wenn es in ſeiner Ruhe entſchlummert, und in ſeiner
Erniedrigung ſich verhärtet: ſo wird dieſes das ſichere Zeichen ſeines Ver=
falles ſein. Jede Nation, die keinen Ehrgeiz mehr hat, iſt eine Nation auf

der Neige. Hoffen wir, daß Frankreich noch nicht so weit ist; daß es in diesen letzteren Zeiten Müdigkeit, Ermattung und sogar Ohnmachten erfahren mochte; daß es aber seine Vergangenheit nicht vergessen hat, und nie die Sorge für seine Zukunft aus den Augen setzen wird" . . .

Ist es jetzt klar, daß die „Gränzen Frankreichs" eine Drohung waren? Die Ereignisse haben bewiesen, daß dieser angebliche „Beamte im Kriegsministerium" kein einzelner Mann war. Uebrigens hätte ein simpler Beamter nie gewagt, unter der Dezemberdictatur ein so wichtiges Pamphlet zu veröffentlichen, ohne die Erlaubniß, ja die Zustimmung seiner Vorgesetzten, seines Herrn. Dieser Herr hat es verstanden, sich mit dem Willen von 36 Millionen zu indentifiziren, er hat sich an die Stelle eines ganzen Landes gesetzt, er hat auf sich allein die Verantwortlichkeit für die Regierung, die Moral, die Künste und die Wirthschaft genommen; endlich hat dieser Herr bereits ein gutes Theil des Le Masson'schen Stückes in Scene gesetzt: er bemächtigt sich in diesem Augenblick Savoyens und Nizza's, er „ergänzt" nach dieser Seite hin das französische Gebiet.

Vor acht Jahren schon erklärte uns Herr Le Masson, das sei das Allergeringste, eine bloße Einleitung, eine Art Ouvertüre.

Der Vorhang wird also aufgehen.

Die geschichtlichen Gränzen in Westeuropa.

Lassen wir jetzt die „natürlichen Gränzen" bei Seite, das Wort schon ist ein bloßes Gedankending, das keiner wirklichen Thatsache entspricht. Es gibt keine natürlichen Gränzen. Die Natur hat sich niemals mit Gränzen, Schlagbäumen, noch mit Landkarten beschäftigt; alles das stammt aus dem Bereich des Menschen. Hannibal und Napoleon, Julius Cäsar und Diebitsch haben alle Alpen überstiegen; viele Eroberungen sind gemacht worden trotz der höchsten Gipfel und ewiger Gletscher. Wenn die Stunde des Verhängnisses für ein Volk geschlagen hat, wenn ein ganzes Geschlecht unfähig wird, an lichter Sonne seine Stelle zu wahren, so tritt ein neues Volk, ein neues Geschlecht, man weiß kaum woher, auf und übersteigt, man weiß kaum auf welche Weise, alle Hindernisse, um Leben wieder in das Reich des Todes zu pflanzen. Hier liegt Alles daran, daß die Einen in den letzten Zügen sich befinden und daß die Andern „reif" sind. Aber Niemand wird ungestraft den geringsten Bach überschreiten, so lange auf der andern Seite noch Jemand ist, der zu leben verdient. Das ist die Moral der Völkerwanderungen, das Gegengift gegen die brutale Gewalt. Frankreich wird niemals Savoyen verbauen, die 12,000 Unterschriften, die in den Landschaften Faucigny und Chablais für den Anschluß an die Schweiz gesammelt wurden, werden wie ein Gift in seinem Blute wirken. In Nizza wird ein politischer Mord begangen.

Die Gränzen sind immer künstlich, Ausflüsse menschlichen Thuns und Könnens; was aber der menschliche Wille auf die Tafel der Zeit schreibt, das ist Geschichte. Es gibt geschichtliche Gränzen. Nicht die Natur verzeichnet die grünen, rothen und blauen Streifen, welche die Kinder in der Schule studiren, wir zeichnen sie.

Aber, wenn man den Ausdruck „natürliche Gränzen"

durch jenen: geschichtliche Gränzen ersetzen muß, so ist das napoleonische Frankreich sehr unklug, sich solcher Ausdrücke zu bedienen. Wir werden das sofort sehen. Herr Le Masson sagt uns, daß er sein Land Frankreich nennt, aus Mangel an einem besseren Namen, daß er aber im Grunde von dem alten Gallien sprechen will. Aber das „alte Gallien" ist für immer in der Völkerwanderung verschwunden, und Frankreich ist das Land der Franken, die keine Gallier waren. Es ist wahr, man stellt den französischen Schülern Charlemagne (Karl den Großen) als einen großen französischen Kaiser hin, der „außer seiner Muttersprache, dem Französischen, auch noch deutsch und lateinisch verstand;" leider gab es zur Zeit des großen Karl noch gar keine französische Sprache. Wir werden darauf zurückkommen.

Geben wir selbst für einen Augenblick zu, daß das heutige Frankreich das ehemalige Gallien sei, so fragen wir Herrn Le Masson weiter, von welchem Gallien und von welcher Periode Galliens er spricht? Von dem Gallien vor Julius Cäsar, welches das obere Rheinthal und Helvetien umfaßte? Wenn so, dann ersuchen wir ihn, sich jener Gegenden gefälligst zu bemächtigen, aber Belgien und den Nieder-Rhein in Ruhe zu lassen; denn ungefähr 300 Jahre vor Jesus Christus verjagten die alten Belgier oder Bolgen (die Wogigen, Muthigen) die Gallier aus Belgien und trieben sie bis zur Seine zurück. Diese Belgier waren nach den Schriftstellern von hoher Gestalt, hatten blaue Augen, blonde Haare, und glichen den Germanen des Tacitus wie ein Wassertropfen dem andern. Nachdem diese Belgier das ganze Land bis an das Becken der Seine besetzt hatten, kamen wiederholt neue Stämme in dieselbe Gegend. Die Cimbern und Teutonen zur Zeit des Marius ließen in Belgien ihre Greise und Verwundeten, sowie einen Theil ihrer Frauen und Kinder zurück, ehe sie weiter aufbrachen, was uns auf die Vermuthung bringt, daß diese Völker in Bel-

gien nicht ganz unbekannt waren. Ein halbes Jahrhundert
später stieß Julius Cäsar in Belgien bei den Eburonen
(Lütticher Land) und den Atuatikern (Gebiet von Namür)
auf den verzweifeltsten Widerstand; die letzteren stellten ihm
30,000 bewaffnete Männer entgegen. Das eigentliche Gallien
unterwarf sich viel leichter als jene Stämme germanischer Ab-
kunft. Man werfe einen Blick auf eine Karte Belgiens zur
römischen Zeit; die ganze Küste des Nordmeers, Dünkirchen,
Calais, Boulogne, das Alles ist germanisch-belgisch. Amiens
an der Somme ist noch weit von der Gränze.

Es ist wahr, die Römer haben Belgien Gallia belgica
genannt, es ist weiter wahr, unter ihrer Herrschaft bildete sich
die wallonische Mundart, die aus Latein und Deutsch besteht
und noch von Tournai bis Lüttich gesprochen wird. Aber haben
denn die Franzosen die Römer beerbt, weil Gallien gerade wie
Belgien von den Beherrschern der Welt erobert worden war?

Die wahren Erben · des römischen Reichs waren die germanischen Völkerschaften, welche gegen die Mitte des dritten
Jahrhunderts unserer Zeitrechnung von der Sala (Yssel)
nach dem holländischen Brabant vorrückten, um im Verlauf
von vierzig Jahren das ganze Land zwischen der Maas und
dem alten Rhein, sonst Batavien genannt, zu erobern. So
brachen die salischen Franken über die Rheingränze und stießen
das Thor des römischen Reichs ein. Ihnen gehörte von nun
an Belgien und bald Gallien. Ein ähnliches Ereigniß ging
am Oberrhein vor. Da wohnten seit dem dritten Jahrhundert
die Alemannen, ein Stamm des Suevenbundes, die nach
und nach sich bis an den Bodensee ausdehnten. Der Kaiser
Julian, „der Romantiker auf dem Thron der Cäsaren," that
sein Möglichstes, um sie aufzuhalten und es glückte ihm sogar,
sie bei Straßburg zu schlagen (357); als aber das römische
Reich ein für alle Mal zusammenbrach, nahmen diese Alemannen das Elsaß und die deutsche Schweiz ein. Sie sind noch

in diesen beiden Ländern, und der alte Name Helvetien hat seitdem ebensoviel Bedeutung als der Name Gallien.

Derselbe Kaiser Julian mußte die salischen Franken in ihrer batavischen Eroberung anerkennen. Noch mehr, bei Annäherung der Hunnen, die sich auf das Abendland stürzten, waren es schon die Franken, welche ihre ganze Macht den wilden Eindringlichen des Morgenlandes entgegensetzten.

Mit der celtisch=romanischen Welt war es zu Ende, eine neue Jugendkraft erfüllte den Occident. Hundert Jahre ungefähr hatte Rom mit seinen Anhängseln zwischen Tod und Leben gerungen, jetzt war es aus. Zu einer andern Zeit hatten die Gallier die Iberer bis in die Engpässe der Pyrenäen zurückgedrängt, wo noch zur Stunde die fossilen Ueberreste der baskischen Sprache einen Gegenstand der Wißbegierde für große Sprachforscher bilden. Ebenso warfen zur Zeit der Wanderung die Germanen die Gallier bis nach der Bretagne zurück, wo die Ueberbleibsel ihrer vorsündfluthlichen Sprache sich noch bewahrt haben. Der Hauptbestandtheil der französischen Sprache ist das Latein und man nennt die französische, italienische, spanische und portugiesische Sprache neu=lateinische Mundarten. Was ist bei alledem aus den Galliern geworden?

In der Mitte des fünften Jahrhunderts waren die Franken Herren von Belgien, und der ganze Nordtheil des Landes von Lüttich bis Tournai (Doornyk) hat seitdem unwandelbar einen germanischen Dialekt, das Vlaemische gesprochen. Der fränkische König Meroväus war es, der 451 nebst dem Römer Aëtius bei Chalons=sür=Marne die Macht Attilas brach, des Zerstörers von Gottes Gnaden und Zorn. Chlodwig, Enkel des Meroväus, eroberte Gallien, das heutige Frankreich; 497 ließ sich der „stolze Sigambrer" taufen. Das ist der Ursprung der allerchristlichsten Könige. Ein Stammhaupt der salischen Franken eroberte die Becken der Seine und Loire: er einverleibte hierauf das Königreich Burgundien im Osten und annerirte endlich das Reich der Westgothen im Süden: so wurde eine neue Aera in Europa eingeleitet.

Die Ostgothen unter ihrem König Theodorich brachten eine neue Civilisation nach Italien, und ihre Nachfolger, die Lombarden, gleichfalls Germanen, gründeten das Lehnsrecht, das Staatsrecht des Mittelalters. Wallia, König der Westgothen, setzte sich in Spanien fest; die Westgothen haben mit Hilfe der Kirchenbischöfe das Staatsrecht dieses Landes im Fuero Juzgo (forum iudicum) ausgearbeitet. Doch kehren wir zu den aus Belgien herausgetretenen Franken zurück.

Unter den merovingischen Königen wurde das Reich der Franken oft getheilt und die schrecklichen Kriege zwischen Neustrien und Austrasien, den beiden Zweigen derselben germanischen Familie, waren die Folgen dieser Theilungen. Gewisse Geschichtschreiber haben es verstanden, diese blutigen Fehden in ebensoviele Kriege zwischen Frankreich und Oesterreich zu verwandeln! Die Schelde wurde als Grenze zwischen Neustrien und Austrasien angenommen, keineswegs zwischen Frankreich und Deutschland, die nicht einmal existirten. Das Wort französisch datirt erst aus dem neunten Jahrhundert; der von Karl dem Kahlen seinem Bruder Ludwig dem Deutschen 842 geleistete Eid ist das erste beglaubigte Dokument dieser Mundart.

Die Majordome der Merovinger, die Gründer einer neuen Dynastie, die den gegenwärtigen Bewohnern der Tuilerien als Muster gedient zu haben scheint, vereinigten von Neuem Neustrien und Austrasien zu einem einzigen Reiche der Franken, und ein „Teutone von Blut und Sprache", Pipin von Landen (bei Tirlemont), ein austrasischer Franke, war der Urahn Karls des Großen. Pipin von Herstall (bei Lüttich) vollendete das große Werk; sein Sohn Karl der Hammer rettete zwischen Tours und Poitiers die junge Civilisation vor den Sarazenen, wie Meroväus sie vor den Hunnen gerettet hatte. Der Sohn Karls,

Pipin der Kurze, ließ sich zum Könige aller Franken wählen und vom Legaten des Papstes Zacharias, dem heiligen Bonifazius salben. Dieser gründete die berühmte „weltliche Macht der Päpste." Wo ist bei alledem von Franzosen, als Nachfolgern der Gallier die Rede? Es wäre selbst gefährlich, geschichtlich Neustrien und Burgund wieder zu fordern, denn die germanischen Völker würden augenblicklich ganz Austrasien zurückverlangen. Nun lesen wir aber in den Büchern der Geschichte, daß Metz die Hauptstadt Austrasiens war!

Karl der Große, „erster französischer Kaiser" nach der Legendengeschichte, in Wahrheit der Begründer eines großen fränkisch-germanischen Reichs, das sich vom Ebro und den Apenninen bis an die Eider, und vom atlantischen Meer bis an die Raab in Ungarn erstreckte, ist der typische Ausdruck des Germanismus beim Eintritt ins Mittelalter. Dieser austrasische Franke, der das Christenthum nach seiner Art ausbreitete, faßte zuerst den Plan einer Grammatik des belgisch-fränkischen Dialekts, der zu seiner Zeit herrschte, wie später unter den Hohenstaufen der alemannische, und endlich der meißnische seit der Uebersetzung der Bibel durch Luther.

Wenn in Europa eine Weltmonarchie möglich wäre, so hätte die Karls des Großen sicherlich ebensoviel Aussicht auf Bestand gehabt als irgend eine andere. Als ob es sich damals um Monarchie gehandelt hätte! Neunundzwanzig Jahre nach dem Tode des Kaisers zerfiel seine große Schöpfung. Durch die Bresche drang die Feudalität ein, die zur Aufgabe hatte, Alles, Menschen und Dinge, in eine ungeheure sociale und politische Hierarchie einzupferchen. Dieses Zellensystem diente zur Erziehung der germanisch-christlichen Welt, es bereitete sie langsam auf die moderne Nationalität vor, die sich in der Monarchie zuerst aussprach.

Wir stehen beim Vertrag von Verdun (843). Sind dort vielleicht die Archive der „natürlichen Gränzen?" Preußen

feierte noch 1843 das tausendjährige Erinnerungsfest der histo=
rischen Theilung des Reiches Karls des Großen. Die Thei=
lung unter die drei Söhne Ludwigs des Frommen fand also
statt: die westlichen Provinzen an Karl den Kahlen, die
östlichen Provinzen jenseits des Rheins, mit Worms, Speier
und Mainz, an Ludwig den Deutschen; Lothar erhielt die Kai=
serwürde, Italien und das nach ihm benannte Lotharingien,
d. h. Burgundien und Austrasien.

Der unruhige Lothar theilte noch bei seinen Lebzeiten sein
Reich folgendergestalt: sein ältester Sohn erhielt Italien, der
zweite die Provence, der dritte, Lothar II., Lotharingien, d. h.
das linke Rheinufer und das Land an Mosel und
Maas bis zur Schelde. Beim Tode Lothars II. bemäch=
tigte sich sein Onkel Karl der Kahle dieses Gebietes; aber
Ludwig der Sachse, Sohn des Deutschen, nahm es den West=
franken wieder ab, und ganz Ober= und Niederlotharingien mit
den Städten Basel, Straßburg, Metz, Trier, Aachen, Utrecht,
verblieb dem deutschen Reiche (880). Schon 10 Jahre früher
(870) war durch den Vertrag von Mersen, zwischen Karl dem
Kahlen und Ludwig dem Deutschen, die Schelde als Gränze
vereinbart worden.

So war denn beim Eingang des Mittelalters Belgien bis
zur Schelde germanisches Land und Lehen und hieß Nieder=
lotharingien. Belgien jenseits der Schelde war auch germa=
nisches Land, aber neufränkisches Lehen. Ganz Oberlotha=
ringien, d. h. der Elsaß, das Herzogthum Lothringen, das
Trierer Land, war germanisches Land und Lehen. Die Frei=
grafschaft Burgund (Franche=Comté) bis zur Saone, mit der
Hauptstadt Besançon, hat bis zu den Zeiten Philipps des
Kühnen — zweite Hälfte des 15. Jahrhunderts — zu Deutsch=
land gehört, und ist erst unter Ludwig XIV. in Frankreich
einverleibt worden. In Oberdeutschland blieb das historische

Recht unangetastet bis zu den Reformationskriegen. Kehren wir zum Norden zurück.

Flandern jenseits der Schelde, mit Inbegriff des französischen Flandern (die Depp. des Nord und Pas de Calais), ein grundgermanisches Land, wurde von den Nachfolgern Balduins und der Judith (einer Tochter Karls des Kahlen) regiert, also von einer Dynastie aus halb belgischem, halb karolingischem Blute. Wir werden sehen, was die ganz formale Oberlehnsherrlichkeit über dieses Land Frankreich gekostet hat, und welche Unabhängigkeit des Charakters, welche bürgerliche und kriegerische Tapferkeit von jenen „Vlaemen" (Sumpfländern) in ihren Streitigkeiten mit dem Oberlehnsherrn entfaltet wurden. Da sind Erinnerungen, die es gut wäre in Flandern neu zu beleben . . .

Frankreich, das Reich der Westfranken, eine ziemlich ärmliche Schöpfung des 9ten Jahrhunderts, befestigte sich erst ein wenig gegen Ende des 10ten, vermöge eines Dynastiewechsels. Das Königthum bedeutete nicht viel, wirkliche Macht hatte es nur über die Domänen der Krone an der Seine und Loire (Tours). Die Vasallen waren weit mächtiger als der Oberlehnsherr.

Im Jahre 911 wurde die Normandie von dem scandinavischen Bandenführer Rollo weggenommen. Im Jahre 946 setzten die Normannen den König Louis d'Outremer zu Laon gefangen. Die fränkischen Vasallen, unter Andern der Graf von Flandern, sogar der deutsche König, waren genöthigt, die westliche Monarchie zu „retten." Als Lothar, der Sohn des Louis, nach Lotharingien eingefallen war und seinen feierlichen Einzug in Aachen, der alten Residenz des großen Karl, dann der Hauptstadt Lotharingiens, gehalten hatte, erfuhr Frankreich zum ersten Male, was es mit der „nordischen Coalition" auf sich hat: Allemannen, Lothringer, Vlaemen, Sachsen, 60,000 an der Zahl, besuchten die Höhen des Montmartre und sangen dort ein Te Deum ab.

Nach dem Erlöschen der Karolinger kamen die Capetinger, der „Ruhm des alten Frankreichs", das Ideal des Herrn Le Masson. Sie waren aus Rennes in der Normandie gebürtig und nach Herrn Michelet ursprünglich sächsische Edelinge im Dienste Karls des Kahlen. Sie sprachen also vermuthlich „außer ihrer Muttersprache, dem Französischen", auch noch ein wenig Deutsch.

Lassen wir das. Das Nationalkönigthum war gegründet 987. Zwar setzt Herr Michelet hinzu: „Was lag den Vasallen in der Gascogne, im Languedoc und der Provence daran, wer zu Paris den Königstitel führte, ein Karl oder ein Hugo? Immerhin war Capet der Gleiche von seines Gleichen geworden, die Könige waren künftighin im Stande, dem Grafen von Anjou und dem von Poitiers Widerstand zu leisten."

Die Capetinger haben die Mission gehabt, in Neustrien und Burgundien die Einheit der Königsmacht zu gründen; sie haben die geschichtliche Aufgabe auf sich genommen, durch Recht und Unrecht eine National-Individualität herzustellen. Seit dem Jahre 1000 haben sich die Germanen nur dagegen gewehrt, von dieser neuen Nationaleinheit verschluckt zu werden; sie haben ihr niemals etwas in den Weg gelegt. Diese Lage dauert seit acht Jahrhunderten. Noch sind alle Tractate bis zu denen von 1815 zum großen Vortheil der Neustrier abgeschlossen worden. Die Ostfranken und die Austrasier, so viel von diesen noch übrig ist, sind dennoch fest entschlossen, die Verträge zu halten. Die Frage ist nur, ob die Neustrier, von einem bösen Geiste getrieben, der selbst die Fäulniß zu überfirnissen und die schmählichsten Acte der Plünderung zu vergolden versteht, die Tractate mit der Spitze des Schwertes zu zerreißen beabsichtigen. Diese Frage ist sehr ernst, auch für die Neustrier; denn der gesunde Menschenverstand, auf die Geschichte gestützt, wird leicht den Ausgang voraussehen, den die Verachtung der Lehren der Vergangenheit nehmen müßte. Die Germanen könnten

auch einmal die Geduld verlieren und von „natürlichen Gränzen"
reden, trotz aller Langmuth.

Wenn es in der Geschichte eine feststehende und wohlver-
bürgte Thatsache gibt, so ist es gewiß diese: Frankreich kann
Niederlothringen oder Belgien nehmen so oft es will, unmöglich es zu behalten! Dieser Lehrsatz hat einen Zusatz: England
und Belgien sind unzertrennlich verbunden. Alle Bosheit und
alle Anglophobie helfen nichts dawider.

Das üppig aufblühende Flandern hatte schon seit dem
elften Jahrhundert die Prinzipien von 1789 vorweggenommen.
Auf der Nationalversammlung zu Oudenarde ward zum
Recht erhoben, daß die Bauern von jeder Anklage freigesprochen
seien, sobald zwölf Genossen ihre Unschuld anerkannt hätten.
Es gibt belgische Gemeinde-Freiheitsbriefe aus derselben Zeit,
Mitte des elften Jahrhunderts, und diese Charten bestätigten
noch blos das Gewohnheitsrecht. Nun, dieses Land, die wahre
Wiege der modernen Freiheit, hat Jahrhunderte lang den Kampf
wider Frankreich ausgehalten, immer eng verbunden mit seinen
Vettern, den Angelsachsen. Der vlaemische Bauer pflegt noch
zur Stunde zu sagen: „Der Engländer duldet den Franzosen
nicht zu Antwerpen." Die Geschichte seit 918 ist nur ein
langer Commentar zu diesem Volksworte.

Balduin der Kahle, Graf von Flandern, der Vorfahr
Gottfried's von Bouillon, heirathete 918 die Tochter Alfreds
des Großen von England und führte Krieg mit Frankreich.
Von 1005—1007 ward Balduin IV. Herr der Grafschaft Valenciennes und der Stadt Gent; er bemächtigte sich sogar des
kaiserlichen Schlosses in letzterer Stadt, so wie des ganzen
Landes längs der Schelde bis zu den seeländischen Inseln.
Von jetzt an war Frankreich theils der neufränkischen Könige,
theils des deutschen Reiches Vasall: — eine interessante Zwi-
schenstellung, welche dem Lande eine bedeutende Zukunft weis-
sagte, und bald zum Kriege mit Lothringen führte. Schon

3

1036 war Balduin von Lille, Graf von Flandern, in Händel mit Niederlothringen verwickelt.

Bei dem Streite zwischen Philipp August von Frankreich und Richard Löwenherz von England stellte sich Flandern aber= mals auf die englische Seite. Philipp August nahm Douai, St. Omer, Arras, das Artesische, lauter vlaemische Besitzungen; beim Frieden von Peronne (1200) mußte er Douai und St. Omer wieder herausgeben. 1213 beabsichtigte Philipp August der Arglistige eine Landung auf der englischen Küste, und schlug dem Ferrand, Grafen von Flandern und Hennegau, vor, sich bei der Unternehmung zu betheiligen. Aber dieser benutzte die Gelegenheit, um sein Eigenthum im Süden zurück= zufordern.

1214 fand die Schlacht bei Bouvines statt: Vlaemen, Hennegauer, Deutsche und Engländer kämpften wider die Fran= zosen. Der Ausgang war unglücklich, Ferrand wurde gefangen genommen und zahlte dem König Ludwig VIII. ein Lösegeld von 50,000 Pfund; er verlor an Frankreich: Douai, Lille und Sluys. Der Friede von Melun (1225) zeigte Flandern dem Untergange nahe.

Was aber die belgischen Fürsten nicht vollbrachten, das nahm das belgische Bürgerthum auf sich. Die Entwicklung und Macht der flandrischen Städte fing an der souveränen Gewalt über den Kopf zu wachsen. Philipp der Schöne demüthigte noch ungestraft den Grafen von Flandern; aber das Bürgerthum ergriff die Waffen, um die Schmach abzuwaschen. Anfangs war der König=Advocat auch jetzt noch glücklich, er eroberte Flandern und ließ sich mit seiner Gemahlin Johanna von Navarra von den Besiegten huldigen. Damals erhub die Claque der Fransquillons zuerst ihren Jahrhunderte alten Lärm im belgischen Lande. Aber die Bürger, und besonders die Weber und Tuchwalker, begannen zu murren. Es entstand ein großes Geschrei im Lande: „Man will uns behandeln wie die französischen Provinzen, deren Bewohner Sclaven sind!"

Am 11. Juli 1302 fand zu Kortryk (Courtrai) das
erste Waterloo statt; da erprobten die französischen Ritter, in
Eisen und Hochmuth eingewickelt, die Piken und Goedendags
(Morgensterne) des städtischen Fußvolks, hinter dem Säbel
und Aexte in verderblichem Glanze leuchteten. Die Flüchtigen
kamen in einem Sumpfe um, der Ort trägt noch heute den
Namen der „blutigen Wiese.“ Viertausend Paar goldene
Sporen fielen in die Hände der vlaemischen Bürger, die ihre
Kirchen damit schmückten.

In dem hundertjährigen Kriege zwischen England und
Frankreich finden wir die Vlaemen abermals auf englischer
Seite, und sehr treffend bemerkt ein Geschichtschreiber: „Ohne
der Jungfrau von Orleans zu nahe zu treten, muß man sagen,
daß Johanna erst dann Orleans befreien konnte, als die bur=
gundischen und belgischen Truppen sich zurückgezogen hatten.“
Wieder war es das Bürgerthum, welches die Fahne erhoben
hatte. Im Anfang nahm Louis de Crécy, Graf von Flandern,
Anstand, seinem Oberlehnsherrn Philipp von Valois den Krieg
zu erklären; aber Jakob van Artevelde, Bürger und
Bürgermeister von Gent, wußte ihn dazu zu zwingen. Ver=
gebens schmeichelte Philipp den störrischen Bürgern; auf alle
seine Worte erwiderten sie mit der „Zurückforderung“ von
Lille und Douai. Im Jahre 1346 warfen 60,000 Belgier die
Franzosen aus dem Hennegau; in der Seeschlacht bei Sluys
waren es die vlaemischen Matrosen, welche den Sieg der Eng=
länder entschieden und die französische Flotte zerstörten — erstes
Vorspiel von Trafalgar, wie La Hogue das zweite war.
In der Schlacht von Crécy verdankte England seinen glän=
zenden Sieg noch einmal den vlaemischen Hülfstruppen. Jakob
van Artevelde trieb Eduard III dazu, den Titel „König von
Frankreich“ anzunehmen. Später zwangen die Bürger den
Sohn des Louis de Crécy, Louis de Male, dem unglücklichen
König Johann die Huldigung zu verweigern, und endlich (1369)

3*

gab Karl der Weise den Vlaemen Lille, Douai, Béthune, Hesdin 2c. 2c. zurück.

Wenn der Plan Philipps van Artevelde hätte ver= wirklicht werden können, so war Niederlothringen republikanisch hergestellt, und ein großes historisches Problem gelöst. Die Geschichte scheint es haben besser machen zu wollen: sie hat Belgien ein Schmerzenslager von vier Jahrhunderten bereitet. Anstatt der Föderation der Gemeinden, der wahren Gründung der Vereinigten Niederlande, trat das Burgundische Haus auf, eine Eintagserscheinung, zu schließlichem Verderben.

Philipp der Kühne heirathete Margarethe von Flandern, und so kamen das Herzogthum Burgund, die Grafschaft Flan= dern, das Artesische und die Freigrafschaft Burgund in Eine Hand. Johanna von Brabant, die Wittwe Wenzels, vermachte derselben Margaretha von Flandern das Herzogthum Brabant. Johann ohne Furcht, der Sohn der glücklichen Erbin, war klug genug, die Vlaemen im Besitz ihrer Sprache und des Handels mit England zu lassen und die quälendsten Steuern abzuschaffen.

1428 erwirbt Philipp der Gute Holland und Henegau; 1429 das Gebiet von Namur; 1430 Brabant; 1443 Luxem= burg. Das Haus Burgund war auf dem besten Wege, das alte Lotharingien wieder herzustellen, und vielleicht auf immer das europäische Gleichgewicht zu sichern. Philipp der Gute entriß Karl VII. fast alle Städte der Pi= cardie, die früher einverleibt worden waren. Es wurde sogar festgesetzt, daß der Herzog für seine Person Frankreich nicht zu huldigen brauche. Philipp begann sein neues Königreich zu centralisiren, er setzte einen Großen Rath für ganz Belgien ein, eine Art von königlichem Parlament, es fehlte nichts mehr als der Königstitel.

Da erhob sich über Europa und über Belgien im Beson= deren jener wildhaarige Komet, der auf seinem ganzen Laufe

von Blut troff, und der Karl der Kühne hieß. Es war ein
anderer Karl XII. von Schweden, der durch seinen Mangel
an jeder Klugheit und Mäßigung eine der schönsten geschicht=
lichen Missionen vereitelte. Karl von Burgund öffnete die
Schleusen der französischen Fluth; Karl von Schweden schuf
das moderne Rußland.

Karl der Kühne befand sich in einer wundersam glücklichen
Lage, um die Barrieren zwischen Neufranken und Germanen
wieder aufzurichten. Angethan mit Kraft zum Erobern und
Einverleiben, war er jedes politischen Verstandes bar: Auf der
Höhe seiner Macht angelangt, herrschte er über ein Reich, das
sich von Friesland bis zur Schweizergränze erstreckte: Utrecht
stand unter seinem Schutze; Geldern hatte er erobert; die
gesammten Niederlande mit dem Gebiet von Artois
und Cambrai, die Picardie (Calais, Boulogne, Abbeville,
Amiens, St. Quentin) gehorchten ihm erb= und eigenthümlich;
Lüttich, das er furchtbar gedemüthigt, stand unter seinem
Schutz; Luxemburg war sein; Lothringen hatte er erobert;
das Herzogthum und die Grafschaft Burgund waren
sein Erbe; den Elsaß selbst besaß er pfandweise. Einen
Augenblick ließ sich Alles aufs Günstigste an: in Trier kam
Karl der Kühne mit dem Kaiser Friedrich III. zusammen;
Maximilian, der Sohn des Kaisers, sollte Karls Tochter Marie
heirathen, König von Burgund werden, Reichsverweser auf
der linken Rheinseite, später Kaiser. Die goldene Brücke war
über die Vergangenheit geschlagen, der Anfang schien sich mit
dem Ende in Eins zusammenzuziehen, der Kaiser Lothar war
auferstanden, und Lotharingien war mächtiger und kräftiger
als je. Die tollen Kriege Karls, sein wahnsinniger Angriff
auf die Schweiz zerstörten Alles, und an seinem Grabe lauerte
die französische Monarchie, welche endlich der Engländer ledig
ausrufen konnte: Gott sei den Deutschen gnädig! Ludwig XI.
regierte, die Züge nach Deutschland und Italien begannen;

die Franzosen, kaum ihres Nationallebens froh, den Leib noch
voller Schwären und Beulen, gingen aus, die „natürlichen
Gränzen" zu suchen. —

Nach dem Tode Karls von Burgund fiel Ludwig XI. über
Artois und Franche=Comté her. Im Frieden von Senlis (1493)
wurden diese Länder an Maximilian von Oestreich zurückge=
geben; aber Frankreich erhielt das Herzogthum Burgund, und
wie Herr Michelet sagt, „der Fall des Hauses Burgund be=
festigte das Haus Frankreich für immer. Frankreich erreichte
jene Einheit, die es für Europa furchtbar gemacht hat." Unter
Ludwig VIII. wurden die Provence und die Bretagne mit der
Krone vereinigt.

Karl V. (von Gent) bestand noch nach der Schlacht von
Pavia (1521) auf der Herausgabe des Herzogthums Burgund.
Franz I. versprach Alles, um Nichts zu halten. Alles, was
der Kaiser erlangte, bestand in dem Aufgeben eines jeden
Oberherrlichkeitsrechtes von Seiten Frankreichs auf Artois
und Flandern, die durch den Frieden von Crespy (1544) zu
vollständiger Unabhängigkeit gelangten. Der Kaiser that noch
mehr, er bildete aus seiner ganzen Erbschaft Ober= und Nieder=
Lothringen den Burgundischen Kreis, der als solcher
zu einem integrirenden Theil des deutschen Reichs erklärt
wurde (Reichstag von Augsburg 1548). Dieser Beschluß und
der Frieden von Crespy deuten für alle kommenden Zeiten die
geschichtlichen Gränzen an, welche Deutsche und Belgier den
Herausforderungen der Le Masson entgegensetzen müssen.

Die Reformation hat das politische Schachbrett gewaltsam
verändert. Während England sich von Rom lossagte, um
seine nationale Einheit zu gründen, während Frankreich sogar
sich befestigte, indem es die reformatorische Bewegung zurück=
stieß und ausrottete, wurden Deutschland und die Niederlande
grausam zerrissen. Die Gewissensfreiheit kam dem deutschen
Reiche hoch zu stehen, denn die Protestanten appellirten an

Frankreich, und Moritz von Sachsen verkaufte Metz, Toul, Verdun und Cambrai an seinen Verbündeten Heinrich II. In den Niederlanden brach die Revolution gegen Spanien aus, Holland trennte sich von Belgien. Die Schlachten bei Guine= gate, Saint=Quentin und Gravelingen waren das letzte Auf= leuchten der alten vlaemischen Tapferkeit: Belgien war vereinzelt und ruinirt. Die holländische Republik entriß ihm das ganze Gebiet längs der Schelde, schloß ihm den Fluß sogar ab und erniedrigte Belgien zur Rolle eines einfachen Schlagbaumes gegen Frankreich aufgerichtet. Der westphälische Friede bestä= tigte diese unglückselige Lage.

Frankreich hatte die Hugenotten gemordet, la Rochelle mit Sturm genommen, um seine Einheit aufrecht zu erhalten; Ludwig XIV. widerrief das Edikt von Nantes und ließ in den Cevennen die Ketzer von seinen Dragonern niederhauen: diese Centralisation der Streitkräfte und der Geister, die von Richelieu vorbereitet wurde, ward das mächtigste Werkzeug in den Eroberungskriegen. Seien wir jedoch gerecht, nach den gewissenhaften Forschungen des Herrn Mignet ist der Cardinal selbst kein Freund der „natürlichen Gränzen" gewesen. Im Jahr 1634 trugen ihm die Holländer die Theilung Belgiens an; aber Richelieu antwortete, daß selbst im glücklichsten Falle diese Eroberung nur mittelst sehr starker Besatzungen aufrecht erhalten werden könne, die die Franzosen den Völkern verhaßt machen und sie gefährlichen Aufständen und ewigen Kriegen aussetzen würden. Er fürchtete sogar, der Cardinal, daß eine vollständige Eroberung mehr als zwanzig Jahre An= strengungen kosten möchte. Auch hätte er es vorgezogen, aus den spanischen Niederlanden eine katholische und unabhängige Republik zu bilden, die nach seiner Meinung den Franzosen und Holländern den großen Vortheil geboten hätte, sie von den Spaniern zu befreien, ohne sie zu nahen Nachbarn und so zu gegenseitigen Feinden zu machen.

Mit wenigen Abänderungen ist das der Gedanke der londoner Conferenz (1831); zur Zeit Richelieus scheiterte diese Idee an der Entkräftung der Belgier und der Habgier der Holländer. Der Cardinal Richelieu darf also nicht für alles folgende Unglück verantwortlich gemacht werden; der ganze Fluch fällt auf Mazarin, der im Voraus das Programm der Regierung Ludwigs XIV. entwarf. Wie nach Ludwig XI. Frankreich sich auf das „offene Grab", welches Italien heißt, stürzte, so warf sich das von Richelieu in seinem Innern beruhigte Frankreich auf Belgien und Deutschland.

Die „Freiheit Deutschlands", die schon im Jahr 1552 diesem Lande die drei lothringischen Bisthümer gekostet hatte, wurde auf die Tagesordnung gebracht. Im Jahr 1658 bildete Ludwig XIV. einen Rhein-Bund mit den drei geistlichen Churfürsten, dem Bischof von Münster, dem Herzog von Braunschweig-Lüneburg und dem Landgrafen von Hessen-Cassel; in diesem Bunde stellte sich Ludwig als den „Protektor" eines großen Theils von Deutschland hin.

Dies war der Ausgangspunkt der furchtbaren Kriege zwischen Frankreich einerseits, und Holland, England, Oestreich und Preußen andrerseits. Derartiges ist bis zur Zeit Napoleons nie wieder gesehen worden. Verfolgen wir einfach die Geschichte der Gränzen im Westen Europas, sowie die verschiedenen Friedensverträge sie festgestellt haben.

Der westphälische Friede (1648) gab dem deutschen Reiche das große Princip der Duldung und Gleichheit vor dem Recht, abgesehen vom Glaubensbekenntniß; aber er raubte ihm den östreichischen Theil des Elsaß, den Sundgau, Breisach und jedes Recht auf die lothringischen Bisthümer. Die freien Reichsstädte wie Straßburg und die Besitzungen der Reichsunmittelbaren im Elsaß wurden von Frankreich garantirt. Wir haben schon gesagt, daß der Friede zwischen Holland und Spanien, der die Schließung der Schelde festsetzte, bestätigt wurde. Der

westphälische Friede war das erste Werk Mazarins, wie der
pyrenäische (1659) sein letztes. Man kam überein, daß Lud=
wig XIV. die Prinzessin von Spanien, Marie Therese, hei=
rathen und als Mitgift Folgendes erhalten sollte: das Artesische
beinahe ganz, Gravelingen, Bourbourg, Saint=Venant in Flan=
dern, Landrecies, Avesnes und le Quesnoi im Hennegau,
Philippeville und Marienburg im Gebiet von Namur, Mont=
médy im Luxemburgischen.

Im Frieden von Aachen (1668) mußte der große König
noch einmal die Franche = Comté herausgeben, während er
gegen Norden erhielt: Charleroi, Ath, Douai, Tournai, Lille,
Audenarde, Courtrai, Furnes und Bergues. Hinsichtlich der
„natürlichen Gränzen" ließ bald nach dem Frieden Ludwig
durch den Mund der Le Masson und Thouvenel von damals
Folgendes für sich fordern: Sicilien, Neapel, Genua, Nizza,
Piemont, Lucca, Mailand, Aragonien, Castilien, Navarra,
D e u t s c h l a n d , E n g l a n d , Flandern, Avignon, Venaissin
u. s. w.

Holland wurde für seine Weigerung, der Gründung einer
belgischen Republik beizutreten, grausam bestraft. Der große
König ärgerte sich schwer über die elenden batavischen „Zei=
tungsschreiber", die den Schlummer seiner Majestät störten,
und ihm selbst, seinen Ministern und seinen Beischläferinnen
Uebles nachredeten. Fenelon selbst schrieb den neuen Krieg
dem Hasse des Königs gegen die Preßfreiheit zu. Der Statt=
halter Wilhelm von Oranien hatte als alleinigen Verbündeten
den Churfürsten von Brandenburg . . .

Im Frieden von Nimwegen (1678) ging die Franche=
Comté ein für alle Mal an Frankreich über, das außerdem
Freiburg im Breisgau und vierzehn belgische Städte erhielt,
nämlich die ganze Linie zwischen Valenciennes und Maubenge.
Das Herzogthum Lothringen, das seit dem Beginn der Feind=
seligkeiten von den Franzosen besetzt war, blieb in ihren Händen,

da der Herzog nach seiner Wiedereinsetzung auf eine unter entehrenden Bedingungen wiedererlangte Machtherrlichkeit wenig gab.

Im Jahr 1680 wurden 600 Städte, Flecken und Dörfer, nach den Beschlüssen der „Reunionskammern" von Metz und Breisach, vom deutschen Reiche losgerissen; mitten im Frieden ward die freie Stadt Straßburg durch Verrath genommen, und im Vertrag von Regensburg hieß man alle diese Räubereien gut; Spanien trat selbst die Stadt Luxemburg ab. In den Jahren 1688 und 89 stellte Wilhelm von Oranien, durch einen tugendhaften Staatsstreich König von England geworden, England, Deutschland, Holland, Savoyen und Spanien dem Störer der öffentlichen Ruhe entgegen. Belgien wurde noch einmal decimirt, aber im Frieden von Ryswick (1697) gab man ihm Luxemburg, Charleroi, Ath, Mons und Courtrai zurück. Deutschland erlangte Freiburg, Breisach und Philippsburg wieder, mußte jedoch Straßburg und die elsässischen Reunionen abtreten. Lothringen fiel noch einmal an seinen rechtmäßigen Herrn zurück.

Während dieses Kriegs lernten Belgien und die Pfalz das „höhere Princip" kennen, das die französischen Eroberungen leitet; die Feuer= und Rauchsäulen, die den Durchmarsch Melac's und Anderer durch Speier, Worms und Heidelberg bezeichneten, werden ein ewiges Brandmal für diese Länderräuber bleiben; die Scythen, die die Armee des großen Königs bildeten, veröbeten und brannten ganze Provinzen nieder, um eine Wüste zwischen Frankreich und seinen Feinden zu schaffen. Ach, die Wüste erstreckte sich nicht weniger in das Herz Frankreichs hinein, denn um dieselbe Zeit schrieb Fenelon: „Der Ackerbau ist im Verfall, die Bevölkerung im Abnehmen, die Handwerke ernähren ihre Arbeiter nicht mehr, der Handel ist vernichtet. Anstatt Steuern von ihm zu erheben, sollte man dem armen Volke Almosen reichen und es ernähren. Ganz Frankreich ist nichts weiter als ein großes, elendes und un= versorgtes Hospital." Das ist das würdige Seitenstück zu den „natürlichen Gränzen", der unvermeidliche Rückschlag der Eroberungskriege; und hierzu kommt noch die Sclaverei, die brutale Unterdrückung der Geister, die Behandlung der Camisarden gleich der der Pfalz und Belgiens. Der deutsche Historiker Dr. Hoffmann hat durch Dokumente bewiesen, daß die Kämpfe in den Cevennen 100,000 Menschen verschlungen haben, während 10,000 andere gehängt, gerädert und verbrannt wurden. Und da schreibt noch Madame Maintenon ganz ruhig: „Die Unruhen in den Cevennen haben nicht viel auf sich, es ist unnüz, daß der König sich um die Ereignisse dieses Auf= standes bekümmere."

Seit 1701 hatten England und Holland das Recht verlangt, in 11 belgischen Städten (Barrièren genannt) Garnison zu hal= ten: Nieuport, Ostende, Damme, Termonde, Mons, Charleroi, Namür, Luxemburg, Stewensweert, Venlo, Ruremonde, — ein wenig schmeichelhaftes Verlangen für Belgien, das aber von Neuem die Nothwendigkeit eines Dammes gegen Frankreich bestä= tigte: es muß ein austrasisches Gebiet geben, und sollte es nur 11 Gränzstädte umfassen!

Der Friede von Ryswick war nur ein Mittel gewesen, um Zeit zu gewinnen; Ludwig XIV. wollte sich auf den spa= nischen Erbfolgekrieg vorbereiten, er war entschlossen die Pyre= näen verschwinden zu heißen.

Im Frieden von Utrecht und Rastadt (1713 und 14) fiel Belgien an Oestreich; Frankreich gab an Belgien zurück: Tournai, Menin, Furnes, Dixmude, Ypern; im Uebrigen wurde die zu Ryswick festgestellte Demarkationslinie aufrecht erhalten. Belgien mußte seinerseits an Holland Venlo und einen Theil Gelderns abtreten; die Schelde blieb geschlossen. Die Holländer erhielten das Recht, in Namür, Tournai, Menin, Furnes, Warneton, Ypern (Barrièrenvertrag von 1715) Garnison zu halten. Landau blieb französisch. Nach den glänzenden Siegen der

Coalition war das wenig, aber die englischen Tories hatten im Jahre 1711 den Sieger von Hochstatt und Ramillies abberufen; die Königin Anna, durch das berühmte Glas Wasser beleidigt, hatte den Herzog von Marlborough in Ungnade fallen lassen. Ein doppelter Trost blieb den auf ihre Unabhängigkeit eifersüchtigen Völkern: Preußen, zum Königreich geworden, begann einen mächtigen deutschen Staat zu bilden, und der Herzog von Savoyen, der bald nachher König der beiden Sardinien ward, nahm die Bewachung der Alpen über sich.

Frankreich war ruinirt; hinter dem Sarge Ludwigs XIV. heulte eine vor Hunger sterbende Bevölkerung ihre Flüche. Die beiden letzten Kriege allein hatten vier Milliarden Livres gekostet, der Bankrott stand bevor, und der heilige Geist der Duldung war für immer geschändet. Dagegen hatte die Monarchie erlangt: Elsaß, Franche-Comté, das Artesische, französisch-Flandern, die Hälfte von Hennegau und den Südrand von Luxemburg. Aber unmöglich war es, die Niederlande bis zum Rhein zu behalten, das stand geschrieben. Mazarin, der doch die „natürlichen Gränzen“ erfunden, hatte schon ein Vorgefühl davon gehabt: „England, sagte er, wird Alles daransetzen, um die südlichen Niederlande nicht in die Hände Frankreichs fallen zu lassen.“ Unter Ludwig XV. wurde Belgien noch einmal erobert, diesmal vom Marschall von Sachsen; aber 1748 im Frieden von Aachen mußte Frankreich das Land an Marie Therese zurückgeben.

Durch den Vertrag von Wien (1735), der von Karl VI. von Oestreich im Interesse seiner pragmatischen Sanktion abgeschlossen wurde, ward Lothringen an den Exkönig von Polen, Stanislaus Leszinski übertragen, nach dessen Tode das Land an Frankreich fallen sollte. Man weiß, daß das Haus Lothringen durch Toskana entschädigt wurde, das ihm so eben entrissen wird.

So hat Frankreich sich abgerundet, so hat es einverleibt

und annexirt, und dies sind seine Siege über das Wahlreich
Deutschland, das von der Politik des Hauses Oestreich im
Schlepptau geführt wurde. Vom Vertrage von Verdun, vom
neuburgundischen Königreich, von den Anstrengungen Karls
des Fünften und selbst Richelieu's blieb durchaus nichts weiter
zurück als die batavische Republik und die stets bestrittene Unverletzlichkeit des verkleinerten Belgiens. Von nun an hängen
die Ruhe und Sicherheit Europas an diesem Faden.

Der wahre Revolutionär, der Staatsmann von 1789,
Mirabeau mit einem Wort, war der Meinung Richelieu's.
Schon im Jahre 1784 hatte er geschrieben: „Was ist besser
für Europa und die Niederlande, dieses Land Frankreich zu
überlassen, oder es sich als eine von Frankreich unabhängige
und mit Europa verbündete Republik constituiren zu sehen?
— Ohne allen Zweifel, es ist besser, daß die Niederlande frei seien und wenn es menschlicher Weise möglich ist, ein dauerhaftes und wahrhaft nützliches politisches
Gleichgewicht herzustellen, so muß man mit dieser
großen und heilsamen Revolution beginnen."

Der revolutionäre Sturmwind ging über Mirabeau hinaus, der Cardinal Mazarin kam wieder zum Vorschein, Belgien
wurde erobert. Bald nachher hatte Holland dasselbe Loos.
Die unzeitigen Reformen Josephs II. einerseits, der gegen das
Haus Oranien angesammelte Haß anderseits, trugen mächtig
zum Umsturz des europäischen Gleichgewichts bei. Doch mußte
die Einverleibung Belgiens unter dem wohlwollenden Schutze
der Bajonnette votirt werden; die belgischen Geschichtschreiber
stellen den ganzen Vorgang als die unverschämteste Posse und
die Aufführung des „Befreiungsheers" als das nec plus ultra
räuberischer Brutalität dar.

Aber kaum hatte man an die Sensitive des westlichen
Europa gerührt, als England, seiner tausendjährigen Ueber-
lieferung getreu, zur Coalition schritt. Napoleon gründete seine

ganze Handelspolitik auf den Besitz des Hafens von Antwerpen:
England hat 20 Milliarden ausgegeben, um aus Antwerpen
einen neutralen Hafen, und aus den Niederlanden die Schranke
gegen Frankreich zu machen. Schon 1805 hatte Pitt den Plan
gefaßt, aus Belgien und Holland ein Vereinigtes Königs=
reich zu bilden, ein zweites am Fuß der Alpen zu errichten
und das Land zwischen der Maas, der Mosel und dem Rhein
an Preußen zu geben. Das sind die positiven Ideen, an denen
man die wahrhaften Staatsmänner erkennt.

Der erste Pariser Vertrag von 1814 schloß Frankreich in
die Gränzen von 1792 ein: Wilhelm von Oranien ward König
der vereinigten Niederlande, denen man das Herzogthum Luxem=
burg hinzufügte, das dem deutschen Bund gehörte. Der Schweiz
gab man ihre westlichen Cantone wieder, Wallis, Genf, Neuf=
chatel, und seit jener Zeit feiern jene „natürlichen Gegenden“,
die zum „alten Gallien“ gehörten, jährlich in französischer
Sprache ihre „Befreiung“ von den „natürlichen Gränzen.“

Durch den zweiten Pariser Vertrag (1815) wurden die
Gränzen Frankreichs auf das zurückgeführt, was sie 1790 ge=
wesen waren. Man gab an Preußen: Saarlouis und Saar=
brücken; an Baiern das linke Ufer der Lauter mit der Festung
Landau — seitdem, ebenso wie Mainz, eine Bundesfestung; —
an die Niederlande das Herzogthum Bouillon mit Philippe=
ville und Marienburg. Das war ziemlich wenig für die pa=
triotischen Wünsche von jenseit des Rheins, und große Politiker
prophezeiten von Stund an daß Frankreich, noch zu mächtig
gelassen, zu geeigneter Zeit seine Pilgerschaft nach den „natür=
lichen Gränzen“ wieder antreten würde.

Ludwig Philipp — war das sein Verbrechen? — dachte
wie Mirabeau, wie Richelieu; er schlug im Jahr 1830 Belgien
für sich sowie für seinen Sohn aus. 1840 hatte Herr Thiers
das Gelüste einer jungen Frau, man vertrieb es ihm durch
ein schlechtes deutsches Lied. Dennoch bleibt die Idee des

„Rheinlieds" wahr: „sie sollen ihn nicht haben", das heißt,
sie können ihn nicht behalten. Zwanzigmal haben sie ihn ge=
habt, immer haben sie wieder losgelassen. Zwischen je zwei
Eroberungen vergessen sie jedesmal, daß Belgien ein Land mit
Municipalfreiheit ist, dessen Gemeindeverfassungen acht Jahr=
hunderte zählen; immer kehren sie zum Angriff zurück, um sich
von Neuem wieder zu trollen.

Möchten sie endlich begreifen, daß Belgien eine „Nationali=
tät" ist, so.gut wie Savoyen, und daß die Nationalitäten ein für
alle Mal befreit werden müssen. Was hilfts aber? Haben
nicht dieselben Schwätzer, welche von den „natürlichen Gränzen"
träumen, auch ganz laut davon geträumt, England zu erobern,
das nationalste Volk, die starrköpfigste Individualität der Erde?

Die Lehren der Geschichte liegen vor in ihrer Größe und
Strenge, und wenn die ehrgeizigen Rädelsführer sich taub stellen,
wäre es nicht Zeit, daß die allgemeine Entrüstung, und zwar
die der Franzosen mit eingeschlossen, jene Rädelsführer zur
Einsicht brächte?

Man hat in den letzten Zeiten so viel von der öffent=
lichen Meinung gesprochen, jener geheimnißvollen Göttin,
die vom Despotismus selbst angerufen wird. Nun wohl, so
bringe man sie zum Sprechen, diese öffentliche Meinung, laut
und deutlich, so daß Niemand über ihre Orakel sich mehr täu=
schen könne.

Die Feigheit der öffentlichen Meinung ist es, die bis=
her die Maulhelden so ermuthigt hat, daß sie wie Heroen da=
stehen. Das muß endlich aufhören, es ist Zeit, daß Jeder=
mann sich in seinem wahren Charakter zeige . . .

Von den Gefahren, welche Frankreich bedrohen.

Man ist nicht der Feind eines Volkes, weil und wenn
man ihm die Wahrheit sagt. Aber Frankreich, betäubt durch
die Revolution von 1848, angesichts einer Aufgabe, die über
seine Kräfte ging, hat sich todtmüde einer Politik in die Arme
geworfen, die unter hochtrabenden Phrasen und prahlerischen
Gesten nur eine vollkommene Nichtigkeit verbirgt. Ein Volk
jedoch kann nicht von nichts leben, dafern es sich nicht ver=
zehren soll. Frankreich verzehrt sich in der That, und seine
Aerzte, die sehr dabei interessirt sind, es am Leben zu erhalten
ohne es zu heilen, schreiben ihm allerhand Zerstreuungen vor,
Spaziergänge über Stock und Stein. Es gibt Leute, die an
die tiefe Weisheit der Aerzte glauben, und sich in vollen Galopp
setzen: solche nennt man in Frankreich Chauvins. Andere
sagen kein Wort und dulden. Die Masse gehorcht maschinen=
mäßig.

Man kommt endlich hinter die Schliche des Empire. Unter
dem Vorwande „die Unabhängigkeit der Türkei zu retten", ließ
man Rußland zur Aber und stellte England bloß. Dann
reichte man Rußland die Hand, um über Oestreich herzufallen.
Unter dem Vorwande „Italien zu befreien", wurde Oestreich
zusammengeschlagen und mit Preußen verhetzt. Dann bot man
England einen Handelsvertrag an, um es zu beseitigen. —
Die Vorbereitungen waren langwierig, aber unumgänglich.
Jetzt kann das Stück beginnen: erster Akt, Savoyen, „Zurück=
forderung der französischen Abhänge der Alpen." Geht Alles
gut, so spielt der zweite Akt in Belgien, der dritte am Rhein,
der vierte im Kanal, der fünfte . . . . . .

Seit 1815 streben die Italiener offenbar zur Einheit hin.
Frankreich, als „edelmüthiges" Volk, welches „einzig für eine
Idee kämpft", mußte ihnen endlich zu Hülfe kommen. Die

Italiener sind eine „Nationalität", weil sie italienisch sprechen; aber Savoyen spricht kein Italienisch, es spricht Französisch, es gehört also zu einer andern „Nationalität", zur französischen. Und auf dem Steckenpferde einer so lahmen Logik ist man endlich bis zur eigentlichen Frage gekommen.

Aber schon ist das große Prinzip aufgebraucht. Die Savoyarden haben protestirt, sie haben die französische Nationalität von sich gewiesen, um ihre eigene aufrecht zu erhalten. Große Verlegenheit! Die „Nationalität" war nichts mehr werth; es galt etwas Anderes aufzufinden, „Garantieen" gegen das „große oberitalienische Königreich", Nothwendigkeit, die Alpenpässe nicht in den Händen Piemonts zu lassen. Ei, was liegt den Savoyarden daran, und wie sollen diese sich dafür begeistern, ob eine Thüre offen oder zu ist! Noch einen Schritt weiter und man langte bei der einfachen Abtretung an; von Hand zu Hand ging ein Stück Landes, das bisher dem König beider Sardinien gehört hatte, an Frankreich über. Die ganze Geschichte war ein Tausch geworden, Topp um Topp, ein Trinkgeld. Wahrhaftig, nur der erste Schritt ist schwer, und der erste Schritt war das „Prinzip der Nationalitäten" gewesen. Von da kommt man endlich, Schritt für Schritt, beim Rechte des Stärkeren an.

Frankreich hat schon einmal, vor fünfundvierzig Jahren, belebt, was das Prinzip der Nationalitäten bedeutet, wenn es sich auf die Macht des Siegers stützt, und wir erinnern uns einer feurigen Note des Herrn von Talleyrand, der doch große Mühe hatte warm zu werden, ja sich nur zu erbossen. Jene Note war vom 15. Dezember 1814 und lautete folgendermaßen: Die willkürliche Länderzerreißung und Einverleibung würde voraussetzen, „daß die Confiscation, welche die gebildeten Völker aus ihrem Codex verbannt haben, im 19. Jahrhundert weniger abscheulich ist, wenn es sich von Ländern und Völkern, als wenn es sich von einer einfachen Hütte handelt; daß die

4

Völker dem Vieh eines Maierhofes gleichgestellt werden können; daß die Souveränität durch die bloße Thatsache der Eroberung erworben wird und verloren geht; daß die Nationen Europas kein anderes Band unter sich haben, als die Insulaner des stillen Oceans; daß sie nur nach den Naturgesetzen leben, und kein öffentliches Recht besteht; daß das dreihundertjährige Herkommen kein Gesetz bildet, mit Einem Worte, daß Alles Recht ist für den Stärkeren."

Wir wollen augenblicklich nicht untersuchen, ob das dreihundertjährige Herkommen ein unumstößlich richtiges Gesetz bildet; wir nehmen im Interesse des Weltfriedens und der ernstlichen Entwickelung das Völkerrecht so an, wie wir es vorfinden; aber klar ist doch, daß, wenn ein Theil Europa's, geblendet vom bösen Geiste, sich wie die Australier geberden sollte, wenn eine künstlich hervorgebrachte Barbarei die Stipulationen von vor dreihundert Jahren oder vor hundert Jahren oder vor fünfundvierzig Jahren umzustürzen Miene machte; klar ist es doch, sagen wir, daß man schließlich jene Friedensstörer wie Südseeinsulaner behandeln würde. Ganz unnöthig wäre es, sich dabei auf Lord Castlereagh's Depeschen, auf die Werke von Vattel oder Henry Wheaton zu berufen: — die „natürlichen Gränzen" würden zuletzt mit den Gränzen der Geduld zusammentreffen.

Vor hundert Jahren ereignete sich Folgendes: Als der Churfürst von Bayern unter dem Namen Karls VII. deutscher Kaiser geworden war, verhandelte England mit der Kaiserin Maria Theresia wegen Herstellung eines austrasischen oder burgundischen Reichs; der stramme Whig, John Dalrymple, Graf Stair, schlug vor: die Niederlande bis an die Somme, Lothringen nebst den drei Bisthümern, Elsaß und Franche-Comté von Frankreich loszutrennen, und diese Gebiete zusammt Luxemburg zu

einem Staate zu vereinigen, der dem Kaiser Karl VII. gegen
Abtretung von Bayern einzuräumen sei*).

Man sieht wohl, daß es Ideen gibt, die nicht sterben
können; da ist eine, die zuverlässig wieder aufleben würde,
wenn Frankreich, durch kriegerische Thorheiten erschöpft, noch
einmal in die Hände aufs Aeußerste gebrachter Sieger fiele.
Belgien, welches seine Lehrjahre der Freiheit eben so weise
wie glücklich überstanden hat, bietet sich gleichsam von selbst
zum Kern eines neuen „burgundischen Königreichs" dar, und
Süddeutschland, der allemannische Stamm von bekannter Zähig-
keit und Freiheitsliebe — viel demokratischer als Frankreich
jemals gewesen — würde vielleicht nicht vergeblich die Hand
den Elsässern reichen, die präcis aus demselben Thone geknetet
sind. — — .

Sollte das vielleicht als alte Geschichte erscheinen, weil die
Idee des eingefleischten Whig Dalrymple schon hundert Jahre
alt ist? So wollen wir zu etwas Neuerem übergehen. Sprechen wir von 1815 und öffnen wir das Buch des Hrn. Achille
de Vaulabelle, Ministers der Republik im Jahre 1848: „Geschichte der beiden Restaurationen." Hier lesen wir folgende
Aufschlüsse über einen Plan der Theilung Frankreichs:

„England ließ seine Alliirten ohne Widerspruch Zerstücke-
lungs-Pläne discutiren, welche auf nichts Geringeres ausgingen,
als uns den fünften Theil unseres Gebietes zu nehmen. Die
kleinen Staaten dicht an unsern Gränzen zeigten sich am Begie-
rigsten: die Niederlande, dieses Königreich von gestern,
eine durchaus englische Schöpfung, verlangten als Anhängsel
an Belgien die Departements, welche aus dem alten Henne-

---

*) Der Vorschlag datirt vom Jahre 1743. Ranke erzählt die Sache in
seinen „Neun Büchern preußischer Geschichte." Vgl. Mémoires de Noailles,
Theil VI, und Schöning „Bairischer Erbfolgekrieg", S. 294. Der Casus
frappirte auch Alex. v. Humboldt, vergl. seinen Briefwechsel mit Varn-
hagen, S. 290.

gau, aus Flandern und Artois gebildet worden waren
(man verlangte das also schon damals!). Die verschiedenen
Staaten des deutschen Bundes verlangten, daß alle Depp.,
die ehedem zum deutschen Reiche gehört hatten, unter andern
Elsaß und Franche=Comté, mit dem deutschen Reiche
vereinigt würden; Preußen wollte nichts Geringeres,
als seine Gränzen bis in die Champagne aus=
dehnen; Sardinien reclamirte Savoyen, sowie mehre
französische Gränzbistricte; Oestreich endlich begehrte
Lothringen, und sein Repräsentant, Hr. von Metternich,
war es, der es in den Conferenzen gewöhnlich auf sich nahm,
die Opfer anzudeuten und zu begründen, welche die siegreiche
Coalition uns auferlegen müßte. . . .

„Hr. von Metternich faßte in den einleitenden Berathungen
die Grundlagen des neuen Traktates so: 1) Bestätigung des
Pariser Friedens vom 30. Mai 1814 in allen Bestimmungen;
2) Zurückgabe aller Bezirke an den König der Nie=
derlande, die ehemals zu Belgien gehört haben;
Savoyens an den König von Sardinien; einer ge=
wissen Anzahl von Festungen und mehrerer Ost=
Departements an Preußen, Oestreich und den
deutschen Bund; 3) Zerstörung der Befestigung von Hü=
ningen, mit Verpflichtung sie nie wieder zu errichten, rc. rc.
Wellington widersetzte sich diesen harten Bedingungen*);
aber die Conferenz wollte anfänglich nicht auf die Einwürfe
des englischen Repräsentanten achten. Bald kam eine Karte
zum Vorschein, auf der als losgerissen von Frankreich
figurirten: Elsaß, Lothringen, Hennegau, Flandern,
ansehnliche Stücke von der Champagne, von Franche=

---

*) Hat man deshalb ein Pistol in den Straßen von Paris auf ihn
abgefeuert, und deshalb den Pistolenschuß in dem Testament von Longwood
belohnt? —

Comté und vom Berry. Man wußte sich eine Copie davon zu verschaffen, welche Ludwig XVIII. vorgelegt ward, während in einer Anzahl deutscher Blätter alle Thatsachen bezüglich auf Lothringen und Elsaß schon unter der Republik: „Deutschland" aufgeführt wurden. Ludwig XVIII. bat darauf um eine Unterredung mit Wellington und Alexander, und es gelang ihm, die edle Seele dieses großmüthigen Monarchen zu rühren. Am Ende des Gesprächs rief Alexander bewegt aus: „Nein, Ew. Majestät wird Ihre Provinzen nicht verlieren, ich leide es nicht". —

Doch fiel der Theilungsplan nicht gänzlich zu Boden, und die Mächte verfaßten sogar ein Ultimatum in diesem Sinne. Das Pariser Cabinet antwortete auf dies Ultimatum, und bestand auf den Gränzen von 1814 oder 1792. Aber es zog sich eine strenge Replik zu, in welcher folgende Stelle vorkam:

„Die Nothwendigkeit von Garantieen für die Zukunft ist fühlbarer und dringender geworden, als sie zur Zeit des Pariser Friedens war. Was die verbündeten Höfe 1814 befriedigen konnte, vermag es 1815 nicht mehr; die Demarcationslinie, welche die Nachbarstaaten am 30. Mai beruhigen zu können schien, kann den heutigen gerechten Ansprüchen nicht mehr Genüge leisten. Dies sind die Hauptmotive für die verbündeten Höfe, von Frankreich einige Gebietstheile zu fordern. Ihr Aufgeben läßt Frankreich wesentlich unangetastet; es bleibt nach wie vor einer der bestarrondirten, am Besten befestigten Staaten in Europa, und einer der reichsten an Hülfsquellen, um den Gefahren einer Invasion zu widerstehen. Die Unterzeichneten können nicht recht begreifen, worauf sich die wesentliche Unterscheidung zwischen „altem und neuem Gebiet" stützt. Man kann doch unmöglich annehmen, daß bei der jetzigen Unterhandlung die Lehre von der sogenannten Unverletzlichkeit des französischen Gebiets wieder aufgebracht werde. Es hieße alle Ideen der Gleichheit und Gegenseitigkeit unter den Mächten aufheben, wollte man zum Grundsatz erheben, daß Frankreich allein des Vortheils genießen sollte, niemals etwas von seinem alten Besitz zu verlieren, weder durch Kriegsunglück, noch durch politisches Abkommen. Aus diesen Gründen beharren die unterzeichneten Bevollmächtigten auf dem Ultimatum, das sie dem Könige von Frankreich vorgelegt haben".

Das nächste Mal wird der Kaiser Alexander nicht dabei sein — man gratulirt sich sogar dazu — oder, wenn er dabei ist, wird er in zweiter Linie stehen, so sehr er immer Selbstherrscher aller Reußen sein mag. Dagegen könnte wohl der „famose Stein" einen entscheidenderen Einfluß ausüben als 1815; denn Er war es, der damals zur Anwendung des Nationalitätsprinzips hindrängte, Er, der den Franzosen die Umkehr der Dinge hienieden zu Gemüthe führen wollte. In seiner Person ward dem ganzen Deutschland ins Gesicht geschlagen und gespieen, gegen Ihn hatte Napoleon I. nach den Tagen von Bautzen und Wurschen jene ewig unverzeihliche Lästerung ʼausgestoßen:

„Der famose Stein ist ein Gegenstand der Verachtung für alle ehrbaren Leute. Seine Umtriebe gehen darauf aus, den Pöbel gegen die Besitzenden aufzureizen. Man wünscht der friedlichen Bevölkerung Glück dazu, den Angriffen Steins und der Kosaken entgangen zu sein"*).

Dem ersten Kaiserreiche hatte Europa nichts entgegenzusetzen, als das Gefühl der Nationalitäten und die Interessen des englischen Handels. Frankreich dagegen kam aus der Bewegung von 1789 heraus, es empfand noch im Hirne die

---

*) Diese Schmach ist den Deutschen hinlänglich bekannt, aber in der französ. Ausgabe dieser Schrift wird sie einem französischen Biographen entnommen, der sie deutsch empfunden hat. S. François Lacombe: **La France et l'Allemagne sous le premier Empire. Napoléon et le baron de Stein.** Brüssel 1860.

Weinbünſte der Freiheit. Heute iſt das ganz anders. 1789
iſt eine hohle Phraſe geworden, die Revolution hat ihre „Reiſe
um die Welt" wirklich angetreten, ſie iſt anderswo angelangt.
In Deutſchland iſt nicht nur die Nationalidee lebendiger als
je, nicht nur kann dieſe Idee in vierzehn Tagen eine politiſche
Form angenommen haben und Concentrirung aller Kräfte be-
deuten; ſondern Preußen vollendet auch ſo eben ſein friedliches
1789, und ſobald die Stunde ſchlägt, wird es mit der geſetz-
lichen Dictatur über ein Volk von 40 Millionen bekleidet
werden.

Napoleon III. hat ſein Möglichſtes gethan, um Haberkraut
zwiſchen Preußen und Oeſterreich zu ſäen; er wird Oel und
Mühe dabei verlieren, und nur die abſolute Ohnmacht des
heutigen Oeſterreichs erweiſen. Ehe Oeſterreich noch im Staube
ſein wird, der providentiellen Miſſion Preußens Steine in den
Weg zu wälzen, verfällt es ſelbſt dem hitzigen Fieber, und
1792 zieht zum feierlichen Begräbniß in die Hauptſtadt der
Habsburger ein . . . . . .

Wir wiſſen ſehr genau, auf was die Politik des Staats-
ſtreichs nach Außen ſonſt noch ſpeculirt; wir kennen die
alte Kabale, die man im Papierkorbe des Siegers von Auſter-
litz entdeckt hat. Man bildet ſich ein, Preußen mit.dem alten
Kurfürſtenthum, jetzigen Königreich Hannover ködern zu
können. Im Jahre 1805 war Hannover eine engliſche Factorei,
der Maierhof der Königl. Kurfürſten. Dieſes Danaergeſchenk
in die Hände Preußens zu ſpielen, hieß Preußen mit England
tödtlich verfeinden, und es in der That und Wahrheit ab-
ſchwächen. Auch widerſetzte ſich der „famoſe Stein" aus allen
Kräften, obgleich umſonſt, dieſem verderblichen Klüngel.

Die Dinge haben ſich gewaltig geändert ſeit der Ambaſſade
des kleinen Haugwitz ins franzöſiſche Hauptquartier. Wenn
England ſich ſchließlich für unintereſſirt bei dem ſavoyiſchen
Handel erklärt, ſo iſt es wenigſtens eben ſo unintereſſirt bei

Allem was Hannover betrifft. Noch mehr, Hannover ist keine
Factorei mehr, noch auch der Maierhof Englands oder Georg's V.;
es ist zur Stunde ein gründlich patriotisches und deutsches
Volk, und dafern seine Regierung in ihren separatistischen und
hochverrätherischen Umtrieben fortfährt, so möchte wohl der
berühmte „Korporal mit seinen vier Mann" hinreichen, um
die Annexion an Preußen zu vollziehen. Es würde dieselbe
Geschichte sein wie in Toscana. Modena liegt nebenan und
heißt Hessen-Kassel mit der einst so lustigen Residenz Jerome
Bonaparte's . . . .

Man kann Preußen nicht mehr ködern, und alle persön-
liche Rechtschaffenheit bei Seite gesetzt, das heutige Preußen
ist Deutschland und heißt Volk. Die Völker aber haben kein
„Geheimes Kabinet". . . .*)

Am Rhein war es ehemals leicht, die schwindsüchtigen
Regierungen der geistlichen Kurfürsten außer Besitz zu setzen
und unter dem Vorwande der „Rheingränze" über den Fluß
zu gehen, um sich bis Hamburg auszudehnen, Belgien, das sich
wider Oesterreich empört hatte, einzuverleiben, das unzufriedene
Holland zu revolutioniren, republikanisiren, royalisiren und
imperialisiren, endlich den Niederrhein in ein „Großherzogthum"
zu verwandeln und einem Murat oder einem Sohne Jerome's
zu Lehen zu geben. Aber auch dort haben sich die Dinge ge-

---

*) In der zweiten Auflage von P. J. Proudhon: „Von der Gerech-
tigkeit in der Revolution und in der Kirche" lesen wir was folgt: „Preußen
und Deutschland. Die Entwicklung und Befestigung des parlamenta-
rischen Systems wird die beste Vertheidigung gegen eine napoleonische Eroberung sein, wenn nämlich Napoleon III. so neugierig sein sollte, die Schlachtfelder seines Onkels zu besehen und über den Rhein zu gehen. Im Jahre
1793 war die Freiheit auf dieser Seite des Rheins; jetzt ist sie drüben.
Die Revolution (lies die Freiheit) hat keinen Zoll breit Landes verloren; es
ist nicht schwer vorauszusehen, welches der endliche Ausgang dieses Marsches
und Contremarsches sein wird." — So denkt, schreibt und druckt ein Franzose über die Verblendung, in welcher Legion seines Volkes augenblicklich be-
fangen ist!

waltig geändert: Belgien hat eine friedliche und verbürgte
Existenz; Holland ist in regelmäßigem Fortschritte begriffen,
vielleicht ein wenig zu gleichgültig gegen die Dinge da draußen*).
An der Stelle der geistlichen Kurfürsten stößt man abermals
auf dasselbe Preußen, das zur Großmacht erhoben ward durch
patriotische Tapferkeit, durch die gränzenlose Hingebung seiner
Landwehr und seiner Freiwilligen.

Auf was stützt sich das Frankreich des zweiten Dezember,
um in die Schranken zu reiten wider eine von Leben strotzende
Nationalität, deren Führer die Freiheit, deren Sporn das Ideal
ist? Ist Frankreich auch nur eine Nationalität, von der es
unaufhörlich spricht? Nein, die Regierungseinheit Frankreichs,
von Ludwig XI. vorbereitet, eingeleitet von Ludwig XIV. und
Richelieu, vollendet von Napoleon I., ist nur ein Trugbild;
denn die Einheit Frankreichs residirt nur in Paris. Zwischen
dem Küstenbewohner der Ostsee und dem Bauern des Schwarz-
waldes, zwischen dem Holsteiner und dem Tyroler, herrscht
Blutsfreundschaft, Wohlverwandtschaft an Herz und Geist:
herrschen solche auch, ehrlich gesprochen, zwischen dem celtischen
Bretagner und dem germanischen Elsäßer, zwischen dem roma-
nischen Provençalen und dem Blaemen von Lille? Was in
aller Welt, außer der Gewalt, hält im heutigen Frankreich den
Druidismus und den Caporalismus, den Norden und
den Süden, die Stadt und das Land zusammen? Ist es nicht
mehr als jemals die römische Centralisation, die Frankreich
fesselt, die Corruption auf der ganzen Peripherie, von der
das Centrum schlemmt, und der Praefectus practorio, der
da Schweigen auferlegt den Alliirten, den Municipien und den
Kolonieen? . . . .

---

*) Ist Holland nie von der außerordentlichen Vermehrung der fran-
zösischen Marine betroffen worden, hat es nie die leiseste Besorgniß für
seine Insel Java empfunden?

Warum stürzt sich Frankreich mit periodischer Regelmäßig=
keit auf seine Nachbarn? Warum bricht es zur astronomischen
Stunde aus, gleich einem Vulkane? Etwa deshalb, weil es
eine überkräftige Nationalität bildet? Oder nicht vielmehr
deshalb, weil es die Nationalitäten in seinem Schooße erstickt
hat, und weil es diese Individualitäten, welche am Zügel zerren
und vor Unmuth schaudern, zu betäuben trachtet? Wäre das
vielleicht der Sinn des einfältigen Geständnisses, welches uns
Hr. Le Masson macht: „Das Erste für jede Nation ist sich
zu vergrößern, und wenigstens ihr natürliches Gebiet zu be=
sitzen; die Eroberungen der Civilisation kommen erst später,
und Frankreich hat etwas Besseres zu thun als sich einer ent=
nervenden Cultur hinzugeben."

Wir sind nicht allein unserer Meinung, und glücklicher=
weise gibt es in Frankreich noch etwas Anderes als Chauvins.
Bücher, die in jeder Beziehung denkwürdig genannt werden
müssen, haben in der Kürze unsere Gedanken völlig bestätigt.
Wir führen an: „Das alte Regime und die Revolution", von
dem zu früh verstorbenen Hrn. de Tocqueville; „Die
Freiheit und die Centralisation", von Hrn. Charles Doll=
fus; die zweite durchgesehene, verbesserte und vermehrte Auf=
lage von der „Gerechtigkeit in der Revolution und in der
Kirche" von P. J. Proudhon. Dieser letztere Schriftsteller
widersetzt sich hartnäckig der Einverleibung Savoyens. „Gibt
es Jemanden in Savoyen, ruft er aus, den der Ruhm und
die Freiheiten des Empire reizen? Was das republikanische
Frankreich betrifft, so gedenkt es nicht mehr durch solche ver=
altete Mittel seinen Einfluß auf die Welt auszuüben. Mögen
also die Savoyarden, die alten Allobrogen, zu Europa sagen:
„Wir sind eben so wenig Franzosen wie unsere Nachbarn zu
Genf, in der Waadt, zu Neuschatel, Porentruy, Freiburg, im
Wallis; wir können es nicht werden, wir wollen nicht, und
das wird nicht sein. Wir appeliren aus Prinzip der Natio=

nalität, für welches zu Magenta und Solferino gekämpft
wurde." Weiterhin scheint derselbe Schriftsteller, der sich durch
seinen hochburgundischen Freimuth so vorzüglich auszeichnet,
fast von uns inspirirt gewesen zu sein, wenn er sagt: „Haben
denn die Bretagne, die Provence, der Elsaß, das Languedoc,
Burgund, die Franche-Comté, die Auvergne nicht auch ihre
Nationalität?"

Man lese die Werke dieser ausgezeichneten Männer, man
befolge ihre wahrhaft weisen Rathschläge, das ist das einzige
Mittel, unsäglichem Unglück zuvor zu kommen.

Wenn Frankreich einmal wider zu sich selbst kommt und
sein eigner Herr wird, so findet es etwas ganz Anderes zu
thun, als die verlorenen Söhne von Paris, Lyon, Brüssel,
Gent und anderen Hauptstädten des Proletariats durch Europa
spazieren zu schicken, deren Entsittlichung sich unter dem Costüm
der komischen Oper schlecht verbirgt. Es wird nach etwas Ande=
rem trachten, als sich von unzähligen Müttern und von ganzen
Arbeiterlegionen, die der Arbeit und des Lohnes beraubt werden,
verfluchen zu lassen, und endlich den großen Bann von ganz
Europa auf sich zu laden.

Im Punkte der Politik, der Regierungskunst, hat Frank=
reich noch nichts producirt als jenes scheußliche Marterwerk=
zeug, welches die Centralisation heißt; es hat noch gar
keine Ahnung von Freiheit.

Liegt nicht etwas Armseliges in folgendem Geständniß der
Chauvins selbst? „Wir haben die Gleichheit, das genügt uns,
wir sind nicht für die Freiheit gemacht; jedesmal wenn sie uns
vom Himmel heruntergefallen ist, haben wir Mißbrauch mit
ihr getrieben. Wir wissen nicht, was wir mit ihr anfangen
sollen." — Traurige Entsagung, die leider eine höllische Kabale
verdeckt. Es ist Satan, der sich dem Menschensohne nähert:
„Alles dieses will ich dir geben, so du niederfällst und mich
anbetest!" Armer Sohn des Zimmermannes, die Freiheit deiner

Person, die Würde deines menschlichen Wesens — damit kannst du nichts anfangen. Bete mich an, ich bin die Gleichheit, die Gleichheit der Knechtschaft. Rue in servitium .... und ich werde dir die „natürlichen Gränzen" geben!

Aber was ist denn diese französische Gleichheit, diese „gewisse" Gleichheit, die auch Hr. Le Masson uns rühmt? Ist sie das gleiche Recht jedes Bürgers auf vollständige Entwicklung seiner Fähigkeiten, auf ungeschmälerten Genuß der Frucht seiner Arbeit? Oder ist sie nicht vielmehr die gleiche Erbärmlichkeit aller Radzacken in einer Maschine, in dem Mechanismus der Regierung und Unterdrückung? Was, Frankreich sollte noch immer nicht Natur und Werth jener Panacée kennen, die so schamlos von einer Bande Theriakshändler feilgeboten wird?

Unter Ludwig XI. war es die Gleichheit vor dem eisernen Käfig und dem Gevatter Tristan; unter Karl IX. die Gleichheit vor dem Dolche der Bartholomäusnacht; unter Richelieu die Gleichheit vor der Krone, welche alle Spitzen der Gesellschaft rings umher abmähte: Hugenotten, Adel, Beamte, Generalstaaten; unter Mazarin die Gleichheit vor der Kabale; unter Ludwig XIV. die Gleichheit vor der Sonne von Versailles, vor den Dragonnaden und dem Elende; unter Ludwig XV. die Gleichheit vor dem Oeil-de-Boeuf und der Pompadour; unter Napoleon I. die Gleichheit vor der Conscription; unter Karl X. die Gleichheit vor der Wachskerze; unter Ludwig Philipp die Gleichheit vor der Börse; unter Ludwig Bonaparte die Gleichheit vor der Spielhölle und vor Cayenne.

Sind denn diese verschiedenen Gleichheiten so verführerisch, und ist eine einzige Viertelstunde Freiheit nicht so viel werth als Jahrhunderte der Gleichheits-Knechtschaft?

An's Werk denn, Franzosen von Schrot und Korn, an's Werk, Nachfolger Stephan Marcel's, Mirabeau's und der ächten Gironde! Die Gleichheit, das ist die Gewalt, die prästabilirte Harmonie, das geheimnißvolle Band der Atome, das ist

Aberglauben und Erniedrigung. An's Werk, und straft jenen
Satan Lügen, der hinter der Maske der Le Masson sitzt. Sagt
feierlich: es soll nicht mehr gelten, was nur zu lange Wahrheit
oder doch Wirklichkeit gewesen:

„Die stehenden Heere sind eine große Macht für das
Königthum, ein großer Fortschritt in der Kriegskunst, und ein
eben so mächtiges Hülfsmittel der Civilisation
als die Buchdruckerkunst selbst".

Und ferner:

„Unter solchen Umständen, und bis zur Herstellung des
Princips der Autorität, ohne welche nichts Großes und Be-
ständiges in der Politik gegründet werden kann, ist die Gewalt,
dafern sie nur ehrlich und beständig ist, das beste, wo nicht
das einzige Regierungsmittel. Auch ist es die Gewalt, die
durch eine plötzliche und unverhoffte Umwandlung einzig den
neuen Zustand der Dinge hat gründen können, den die allgemeine Abstimmung mit so großem Eifer bestätigt hat."

Sagt an, ist das in Wahrheit der Gedanke Frankreichs?
Endlich:

„Wenn die Politik Frankreichs immer auf der Höhe seiner
Siege gestanden hätte, wie im 13., 15. und 17. Jahrhundert,
unter Philipp II. und Ludwig IX., Karl VII. und Ludwig XI.,
Heinrich IV., Richelieu und Ludwig XIV.: so würde es seit
dem 16. Jahrhundert seine Gränzen erreicht, und hernach Europa
geknechtet (asservi) oder doch wenigstens ein ungeheures
Uebergewicht erlangt haben".

Die Knechtung Europas und die Aera der Bonaparte,
welche die Erniedrigung Frankreichs bedeutet, behagt Euch
das, ihr Franzosen? Wollt ihr euch darein ergeben, einen Krieg
auf Tod und Leben mit der germanischen Race zu führen, mit
einem Geschlecht, das getränkt ist vom Geiste der Freiheit, entschlossen, seine Stellung in Europa aufrecht zu erhalten, sie
sogar zu erweitern, damit ihr endlich gedemüthigt, zerstückelt,

tief beschämt und beladen mit der Last der Selbstverachtung aus dem Tumult hervorgeht?

Oder wäre es nicht nobler, würdiger eurer guten Traditionen, des humanitären Geistes, bei dessen Erweckung ihr selbst so mächtig mitgeholfen habt, ein herzliches Bündniß mit dem germanischen Stamm einzugehen, ihr, das Volk der Initiative und der That, mit dem Volke des Wissens und des Gewissens, und so endlich, vermöge einer gegenseitigen Ergänzung, zu jener politischen Gemeinschaft hinzustreben, die seit langer Zeit prophezeit ward und die einzig das unverbrüchliche Pfand für die Organisation Europas abgeben würde.......?